阅读成就思想……

Read to Achieve

职场人格
AI测试

让沟通更有效的
行为观察术

［美］德鲁·达戈斯蒂诺　　格雷格·斯克鲁特◎著　　燕子◎译
（Drew D'Agostino）　　（Greg Skloot）

Predicting
Personality

Using AI to Understand
People and Win More Business

中国人民大学出版社
·北京·

图书在版编目（ＣＩＰ）数据

职场人格AI测试：让沟通更有效的行为观察术 /
（美）德鲁·达戈斯蒂诺（Drew D'Agostino），（美）格
雷格·斯克鲁特（Greg Skloot）著；燕子译. -- 北京：
中国人民大学出版社，2022.7
书名原文：Predicting Personality: Using AI to
Understand People and Win More Business
ISBN 978-7-300-30664-3

Ⅰ. ①职… Ⅱ. ①德… ②格… ③燕… Ⅲ. ①人工智
能－应用－人际关系学 Ⅳ. ①C912.11-39

中国版本图书馆CIP数据核字(2022)第103979号

职场人格AI测试：让沟通更有效的行为观察术

[美]　德鲁·达戈斯蒂诺（Drew D'Agostino）
　　　格雷格·斯克鲁特（Greg Skloot）　　　著

燕　子　译

Zhichang Renge AI Ceshi: Rang Goutong Geng Youxiao de Xingwei Guanchashu

出版发行	中国人民大学出版社		
社　址	北京中关村大街 31 号	**邮政编码**	100080
电　话	010-62511242（总编室）		010-62511770（质管部）
	010-82501766（邮购部）		010-62514148（门市部）
	010-62515195（发行公司）		010-62515275（盗版举报）
网　址	http://www.crup.com.cn		
经　销	新华书店		
印　刷	天津中印联印务有限公司		
规　格	170mm×230mm　16 开本	**版　次**	2022 年 7 月第 1 版
印　张	15.75　插页 1	**印　次**	2022 年 7 月第 1 次印刷
字　数	150 000	**定　价**	69.00 元

前　言

自从我们的世界变得高度互联，人与人之间反而变得相互猜忌，因此，我们比以往任何时候都更难与新朋友沟通并建立信任。

大多数需要销售产品、说服他人加入团队或建议客户采取行动的人都对上述困难感受深刻，因为他们的工作变得越来越难。

作为企业家，我和格雷格将大部分时间都花在了与那些心中有明确目标的人交谈、会面和发电子邮件上，我们的感受是一样的：苦不堪言。在我们的职业生涯中，我们频频在与他人的沟通中犯错，有时代价惨重：

- 我们发出的海量电子邮件如泥牛入海，鲜有回馈，因为它们的内容不够吸引收件人；
- 我们冗长的演讲最终使听众失去了耐心，因为我们的高谈阔论既没能触及他们最关切的问题，也没能以一种可以引起共鸣的方式传递信息；
- 我们屡屡错失良机，甚至让煮熟的鸭子飞了，因为我们没能遵循正确的方法；
- 我们让不少重要会议偏离了方向，因为我们没能很好地处理分歧与冲突；
- 我们目睹了不少公司倒闭，因为这些公司的高管层沟通不畅，进而无法消除误解。

有些沟通失败源于我们的无知——在职业生涯早期，我们常常对他人的想法、行为和决策过于天真或做出主观臆断。一些失败是因为我们缺少信息，即我们并没有准备好以正确的方式或使用正确的数据来沟通；一些失败是由技术驱动的，即丰富的线上沟通渠道难以准确地传递真情实感。

显而易见，我们面临着大多数高管、经理、销售人员、营销人员、招聘人员和咨询师等每天都面临的同样棘手的问题：我们如何才能更好地察人识人？我们创业的宗旨和使命正是寻找这个问题的答案。

对人格模型有用性的质疑

正当我们苦苦求找答案时，有人向我们推荐了人格画像方法（如 DISC，它声称可以测量、描述甚至预测人类行为）。最初，我们觉得这听起来很荒谬，并对此持怀疑态度。人太复杂了，他们的行为、动机和沟通方式太多样化了，怎么可能用人格类型来定义呢？当时，在我们看来，DISC、迈尔斯-布里格斯类型指标（Myers-Briggs Type Indicator，MBTI）、九型人格（Enneagram）和大五人格（Big Five）等人格模型与占星术不过一步之遥，不可轻信。

然而，有了一些谦卑但富有成果的经历（我们将在本书的后半部分介绍这些经历）后，我们都意识到，答案远不是那么简单。这一切都与共情有关。

世界上一些著名和备受尊崇的商业领袖，如安东尼·罗宾斯（Antony Robbins）、瑞·达利欧（Ray Dalio）和戴夫·拉姆齐（Dave Ramsey）等，都已经在像 DISC 这样的人格模型的指导下，向大众传播了他们独特的共情哲学，即花时间去理解并适应他人的所思所想。当我们将这些理论应用于自己的生活中，接受人们本来的样子，而不是将我们的假设投射到他们身上时，我们见证了人格模型不可思议的力量。

我们的结论是：当你能够准确地测量人们的人格特质时，你就能了解他们真正关心的是什么，你就能利用这些信息更有效、更顺畅地与他们沟通，改善你与他们的关系，并赢得他们的信任。有了这种信任，你就有了影响力。

加入人格革命

当我们开始将人格画像应用于我们的管理、销售和招聘工作中时，它对我们的沟通所产生的影响令人欣喜。然而没过多久，我们就遇到了障碍。为了精准地获取某人的人格画像，我们需要他完成一个人格测试，而这仅仅通过与他交谈是不可能完成的。所以，我们无法了解我们每天交谈的大部分人的人格类型。

为了解决这个难题，我们在 2014 年开发出一项新技术。

通过将人格心理学、数据科学和机器学习结合起来，我们开发了一款名为 Crystal 的软件产品，它可以评估任何人的人格，而无须让人们进行真正的人格测试，准确性与人格测试旗鼓相当。该软件自推出以来已经帮助数千家公司创建了数百万人的人格画像，这些人格画像可以帮助员工更好地与客户、潜在客户和求职者互动。

我们的客户基本上都是沟通导向型的商业领袖或专业人士，他们明白共情对其事业成败的重要性，因此格外注重关系的建立和维护。毫无疑问，他们都是很优秀的。他们为我们提供了很多经验，我们已经将这些经验应用于我们的产品和公司的成长。

本书正是为这类领导者、销售人员、招聘人员、经理和顾问撰写的，我们希望本书能成为他们参与这场由人工智能驱动的人格革命的实用指南。如果你需要更深入地了解你的客户、同事和人脉关系，书中提出的观点和理念可以从根本上改变你未来每一次沟通的方式。当你在实践中运用人格画像时，你的沟通将更有效，这将有助于你建立起更牢固的关系，赢得更多的商机，并最终获得成功。

目　录

PART 3 人格 AI 如何工作：了解驱动人格革命的技术

PART 4 富有成效的沟通：用人格洞察力引领高质量对话

PART **5** 成为更优秀的领导者：运用人格画像构建团队

PART **6** 做出负责任的预测：正确、合乎道德地使用人格 AI

1

人格的真相

在不可预知的世界中理解人类的行为

Predicting Personality

第 1 章

不了解人的沉重代价

"议案通过了。"

"会议主持人已经离开会场。"

就这样，我们失去了一切。

格雷格和我坐在他家的地下室里，长出了一口气。那个友好的女性机器人温柔地告诉我们，董事会会议结束了，而这是我们参加的最后一次董事会。我们刚被我们一手创建的公司炒了鱿鱼。

"现在我们怎么办？"格雷格打破了沉默。

"走！我们开车出去走走！"我说。

我们确实需要离开这里，去散散心。那是 2014 年 8 月初，空气潮湿。在那之前的几个月，我一直是白天参加各种会议，通宵参加技术部门的会议。我感觉自己仿佛得了幽闭恐怖症，心力交瘁。

我们跳进我的那辆日产尼桑，撕掉贴在车窗上的违章停车罚单，沿着美国马萨诸塞州的收费公路，开始了我们的西行之旅。这是一种奇怪的感觉，我们正开车往办公室的相反方向行驶。那是一个普通工作日的上午，整个团队正在办公室里忙碌着。格雷格的销售团队正在制定面向未来高校毕业生消费群体的新的市场战略，我的工程团队正忙于开发手机事件管理 App 的新版本。这一天对他们而言可能完全正常，但他们并不知道，他们的两位老板已被炒了鱿鱼。

"我们去哪儿？"我问。

"我也不知道！去克利夫兰？芝加哥？嗯！我们可以去加利福尼亚州，开始新的生活。"格雷格说。

我根本不在乎我们最后在哪里落脚，我的脑子一片空白。

我的手机一直在震动，提醒我公司网站发生了错误。作为技术负责人的我通常需要解决一些问题。而现在，这些问题已经与我无关了。可话又说回来，在我心里，我仍然是首席技术官，我仍然想着将来重新架构我们的软件。

格雷格一直沉默不语。比起我，整件事对他的打击似乎更大，而我深知其中的原因。作为首席执行官，他曾成功地说服了我们能找到的 30 位最优秀的人才辞掉原来的工作，加入我们这家刚成立的公司，而且他们的薪酬将大幅减少。他一直觉得他对我们的团队成员和他们的未来负有很大的责任，他害怕让他们失望。

"我饿了，我们就在这里停车休息一下吧。"

我们的旅程持续了大约 20 分钟。以往，此时我们通常正坐在办公楼里忙着手头的事。坐在我们的办公室中，波士顿的天际一览无余。但今天下午，能在弗雷明汉服务区的一家麦当劳餐厅吃一顿已经足够好了。

我们一边吃着炸鸡块，一边回忆着究竟是因为什么，让我们在这样一个忙碌的工作日放下工作来到这里。春暖花开时，一切似乎都很美好，公司的发展有条不紊：销售额呈上升之势，产品研发顺利，需求在不断增长。我们似乎找到了一条成功之路。

而到了仲夏，我们就出局了。

我一直认为，导致我们失败的无非是某些主要产品存在缺陷，或者是数据丢失、资金短缺、没有完成销售目标，以及任何你通常听到的企业家失败的原因。然而，并不是这样的。

最终导致我们失败的原因比这简单得多：我们懂技术，但不懂人。

在复杂的世界中盲目行动

2013 年初，我们雄心勃勃地开启了创业之旅。我们手捧创业指南，开发产品、寻找风投、招兵买马、销售产品，不久就初见成效。斗志旺盛的初创企业经常鼓励那些即时、独立的行动。与简单地完成工作相比，协作和沟通似乎不那么重要。这让我们感到非常舒适。

随着公司的规模开始扩大，我们雇用了最初的几位员工。然而我们发现，我们的工作发生了巨大的变化。我几乎没有时间来编程，因为大多数时间都花在了面试、指导工作和培训上。格雷格每天的工作几乎都是与合作伙伴、客户、潜在客户和应聘者见面。虽然，我们没有刻意确定各自在工作中所扮演的角色，但我们从生产者变成了领导者。除了在大学的社团中担任过领导，我们几乎没有任何真正的管理经验，管理对我们而言是一个未知的领域。但像其他事情一样，我们打算边干边学习。

在很大程度上，我们做到了。尽管在接下来的一年中，我们经历了成长的烦恼，但随着团队规模的不断扩大，我们找到了自己的商业模式，并最终成了一家真正意义上的不断成长的公司。从那时起，我们开始经历一些与人相关的挑战（大多数快速成长的公司的领导者可能都会面临这些挑战）。沟通需要正式化，否则细节可能就会被忽略。这种文化需要被我们有意地建立起来，否则坏习惯就会根深蒂固。我们的招聘流程需要结构化、标准化，而不是完全跟着感觉走。

我们面临的风险越来越大，我们不想把事情搞砸。我们想成为真正的领导者，而不是徒有 C 级头衔的骗子。而且，我们还意识到我们有盲点，有些我们知道，而有些我们不知道。为此，我们决定聘请一位高管教练，后经公司的一位创始人引荐，我们找到了沃尔特。

从人格的角度看待他人

沃尔特从上任的第一天起就对我们产生了影响。他在董事会任职的时间比我们都长，而且他在多家企业工作过，在战略、管理、销售和公司建设方面都具有相当丰富的经验。我们把无法解决的问题摆在他面前，虽然他不一定会给我们答案，但他可以将这些问题拆解，再深入剖析，之后向我们展示问题的症结所在，这样，我们可能就找到了解决方案。对我们而言，沃尔特就像电影《星球大战》（*Star Wars*）中的尤达大师，非常有智慧。

他还有一种超能力——阅人。

你可以告诉他你在工作和生活中遇到的人际关系问题，他可以帮你厘清头绪，并用最简洁的语言告诉你到底发生了什么。他就像一位经验丰富的专业治疗师，能够敏锐地透过表象看到实际发生了什么，就像他也在场一样。他能够从一些人的言语推断出他们的动机、情绪，甚至他们可能会做出的反应等。

每当沃尔特谈到人的问题，他都会提到一种名为 DISC 的人格模型。DISC 解释了人格特质如何被划分为以下四类：

- 支配（dominance，D）型；
- 影响（influence，I）型；
- 稳健（steadiness，S）型；
- 谨慎（conscientiousness，C）型。

每个人身上都有一种自然属性的 DISC 类型（我们与生俱来的行为模式，随着我们的成长而发展）和一种社会属性的 DISC 类型（我们在社会生活和工作环境中学习和采用的行为模式）。大多数人都显示出这些类型的独特组合，由主要类型和次要类型表示（如 Si 的 DISC 类型表明，稳健型是主要类型，影响型为次要类型）。

沃尔特声称，如果你能确定一个人的人格类型，你可能就会对其行为、沟通和决策方式做出非常准确的假设。一旦掌握了这些信息，你就可以大幅度地提高每次谈话的有效性。

说实话，作为一名工程师，我对此持怀疑态度。我想，人肯定比他说的复杂得多！没有人能预测人类的行为。

然而，随着与沃尔特共事的时间越来越长，我也越来越理解他的观点。他一次又一次地"猜"对了一个人的行为或他所说的话。这确实不是占星术。他既不是在做笼统的猜测，也不是依靠你的确认偏误来走近路，而是在识别相似人群的行为模式，并使用标准化的语言来描述这些行为模式。

我们迫切地想要提高自己的软技能，所以我们开始认真学习他的方法。

我们对他的观点进行了更多的研究，并且发现了一个新世界——人格心理学，它得到了严谨的研究的支持。一些世界顶尖的心理学家和神经科学家发现，我们确实可以通过观察一个人的行为倾向来预测他的其他人格特质。许多可变因素（如大脑化学成分、成长过程和生活经历等）都能以可测量、可量化的方式塑造人们的性格。

这种新的思维方式帮助我们了解了我们的行为模式，因为它几乎完美地与 DISC 结合。让我们更加有信心的是，我们在我们的家人、同事和好友等周围的人身上也看到了这些模式。我们已经与其中很多人相识相交很多年了，并一直认为他们的行为怪异、性格固执或屡教不改是由不同的行为倾向导致的。

但了解了人格差异的真正原因后，格雷格和我认识到，其他人并没有错；我们的想法才是不正确的。许多人格特质就像人的发色一样真实而有区别，但我们不能以相同的方式看待它们。例如，一个非常随和的人，其杏仁核（大脑中控制多种情绪的部分）的活动水平可能高于正常水平。除非你定期对你身边好友的大脑进行核磁共振成像（MRI）扫描，否则你不可能看到他们的人格特质，即使人格特质对你们的关系比他们的身体特征重要得多。

所以，在了解了人格研究和沃尔特的智慧之后，他正确地预测了我们公司会走下坡路也就不足为奇了。

当个性出现冲突时会发生什么

到 2014 年，我们的大部分时间都花在了新公司的各种事务上，如招兵买马、编写新程序和"灭火"等，同时我们也开始学习如何把握和引领董事会会议的方向。在初创公司中，当你进行第一轮融资时，投资者通常都会占据董事会席位，这让他们有权对筹集更多资金、出售业务部门和更换管理层等做出决策。

董事会会议的气氛可能会很紧张，尤其是当你试图在有限的信息和高期望中快速扩大公司规模时。尽管如此，我们还是在这种紧张的氛围中迅速成长，并在早期与董事会保持着合作、富有成效的关系。

我们与董事会成员分享了一些重要的人格特质，这一招很有效。在 DISC 术语中，我们都有一些 D 型特质，如自信、坦率和敢于竞争。尽管我们可以畅所欲言、提出尖锐的问题，并可以持不同的观点，但我们相互尊重，这样的氛围对我们所有人而言都很舒适。此外，我们都有紧迫感和勤奋努力的意识，这让我们能够迅速行动，大胆地将赌注压在自己身上。

然而，随着公司的发展，一些人格差异也开始更加明显地显现出来。虽然我们忽略了这些差异，但沃尔特很快就发现了。

这些差异在我们的董事会上表现得最明显。投资者希望我们都能像他们所熟悉的那些初创公司的高管一样行事，尤其是在格雷格担任首席执行官时，例如：

- 坚持高层次的发展战略、目标，提高个人的洞察力；
- 迅速而大胆地进行变革；
- 设定激进的目标，旨在占领更大的市场。

然而，作为首席执行官，格雷格有他的 D 型倾向，但他的 C 型特质更明显。例如，他往往：

- 注重细节，并以过程为导向；
- 在演讲时借助大量的数据和补充信息；
- 在采取行动之前反复分析研判；
- 注重条理性和准确性，而不是速度。

我们很容易看出，这两种风格是有冲突的，尤其表现在对风险的容忍度、对质量的标准以及对速度的预期三个方面。在典型的 D 型环境（如我们公司的董事会）中，讲清楚底线在哪里远比讲清楚每件事的细节更重要。虽然格雷格认为细节决定成败，但他没有意识到，他一丝不苟的风格会降低他的工作效率。

当时，我们感到很紧张，却不知道应该做些什么。我们认为，只要我们能够获得更多的数据、更准确的预测，使我们的目标更加务实，我们就可以恢复董事会成员之间的和谐。然而，当格雷格继续以他的方式沟通时，只会削弱他与其他人进行可信交流的能力。

像大多数以结果为导向的人一样，我们的董事会成员经常用直接、简洁的语言沟通。很多时候，这是一种有效的风格，但有时如果没有更多的细节，我们就很难完全理解发生了什么。对我们而言，尤其是对格雷格而言，我们都喜欢并习惯于了解和掌握尽可能多的信息，而对揣摩他人说的话感到很有压力。

有一段时间，我们在没有充分意识到这些人格差异的情况下绕过了这些问题。我们都是圆滑得体、积极进取的，并将目光投向远方，这使董事会能够正常运作，尽管偶尔也会产生一些误会。然而，当我们需要做出一些更大、更有争议，或非黑即白的决策时，潜在的问题就会立刻浮出水面。沃尔特是这样描述的："这只是一场游戏，你可能会输。"

你很快就会知道他是什么意思。沃尔特用游戏做类比，强调了这样一个现实：在管理公司方面，我和格雷格有强烈的求胜心和追求自主的人格特质（这与其他人有很大的不同），却没有明确的决策权限。他提醒我说，这将不可避免地导致冲突。

如前所述，拥有 D 型人格的领导是敏锐、有抱负和有说服力的。他们能掌控身边所有的人，享受做出重大决策的过程；他们很有自信，对自己和身边的人都要求很高；他们无论走到哪里，都能带领身边的人进步，并在追求目标的过程中克服艰难险阻，不断前进；他们喜欢竞争，更喜欢在紧急或不可预知的情况下掌控局面。

2014 年夏天，我们公司正处在一个十字路口，何去何从，亟待董事会做出抉择。公司的管理团队（我们）与投资者在战略方面想法不一，是时候达成一致了。

万事开头难，这种情况在任何一家初创公司中都很常见。正常情况下，这完全可以通过一些讨论妥善解决，即使发生激烈争论也无伤大雅。然而，在那个时候，我们的人格差异已经造成了如此大的分歧，以至于我们无法达成一致。这种模式几乎是有规律的。格雷格会以他一贯的一丝不苟的 C 型风格向董事会提出各种方案，而董事会会提出直接的、有挑战性的 D 型问题。我们会固执己见，在会议结束时，每个人都会比之前更坚持自己的观点。这些观点逐渐产生分歧，直到产生冲突。

"我们不都是照章办事吗？"格雷格边吃麦旋风边问我，"我们组建了一个优秀的团队，我们善于倾听客户的意见，开发了一款有价值的产品。我们又是如何被公司扫地出门的？"

遗憾的是，我们在商学院时，并没有有关人格的课程。

因此，尽管公司的各项业务表面上看起来很有前景，但董事会成员已经开始互不信任，这种不信任慢慢侵蚀着我们所有人一度共享的健康的工作关系。就好像我们将所有时间都花在了修补墙缝和屋顶以及更换窗户上，却忽略了地基上出现的一个巨大裂缝。

沃尔特是正确的。我们与投资者在愿景方面发生了冲突，导致开诚布公的沟通中断了，董事会最终决定更换公司的管理团队。

这就是我和格雷格坐在马萨诸塞州弗雷明汉服务区，不知道去往何方的原因。一觉醒来，我们还是初创公司的高管，而到了下午，我们就变成了一对困惑、失业的 23 岁年轻人。

虽然那时的我们处于职业生涯的低谷，但我们的下一个目标也变得清晰起来。如果我们希望搞定生意，就需要搞定人。

Crystal 是如何开发出来的

在接下来的几个月里，格雷格和我花了很多时间来思考。被公司炒鱿鱼是一段令人不快的经历，我们可能需要一段时间来适应和恢复。

我们反思了自己的错误，为下次能做得更好做了很多笔记，尝试了一些新设想，探索了新技术，同时还见了许多正在追求自己远大愿景的创业者。然而，在这段炼狱般的日子里，我们一直在回想最初那个问题：我们如何才能更好地了解他人？

沃尔特肯定知道问题的答案。他在预测陌生人的动机、意图和反应等方面的能力对我们而言就像魔法一样。那是我们希望掌控自己的魔法。我们想成为沃尔特那样的人。

为此，我们认真地学习了心理学，尤其是沃尔特教我们的理论和模型。虽然我们都曾就读于商学院，拥有商科学位和技术方面的专业经验，但是我们现在十分着迷于关于人类思维的科学研究，因为我们想知道人们为什么做他们所做之事。

在学习的过程中，我们发现了 DISC 和其他人格模型得以长期存在的原因；我们了解了认知偏差，并深刻意识到了我们每天都要面对的盲点；我们仔细阅读了关于人格神经科学的最新研究，看到了这个领域的快速发展以及对人格特质的生物学原因的揭示。

与此同时，作为二人团队中的技术担当，我也在深入研究机器学习和自然语言处理。计算机科学的这些蓬勃发展使分析大量数据、发现隐藏的趋势，甚至在某些情况下预测未来成为可能。我们看到这些技术正被越来越广泛地应用于市场、营销、医药、体育、法律和国防等众多领域。只要有丰富的数据，就有彻底改变市场的机会。

也许是因为我们都是知险而后勇的人，也许是因为我们看到了在这些看似不相关的领域中缺少正规的指导（但很多人都对此充满好奇），也许是因为我们尚能对技术的发展速度和参与其中的机会充满孩童般的好奇。不管是什么原因，一个念头出现在我们的脑海中：我们能否打造一个"沃尔特"呢？

那时，我们已经对预测人格有了一些模糊的想法。我们曾尝试解决问题和构建原型，但进展不大。我们的目标是创建一种算法，我们可以使用这种算法来了解一个人的想法，但很快我们就知道这有多难了。

不过，在经历了一次又一次的失败和空欢喜后，我们渐渐有了一些进展。时至今日，我还记得，当我和格雷格第一次看到我们的算法能够准确地预测一个人的人格时，我们是多么地兴奋！那是一个普通的工作日，我们坐在我位于波士顿的那间破公寓里，却感觉我们已经破译了核密码。

接下来发生了一连串有趣的事：这个算法变成了一个原型，这个原型变成了一个网站，这个网站变成了一个 Chrome 扩展，这个 Chrome 扩展最终变成了我们公司的产品，也就是 Crystal。

随着公司早期的发展和技术的进步，我意识到我们的产品以某种方式引起了人们的兴趣，我从未在软件应用程序中见过这种方式。每周都有数千人在我们的网站上注册、创建个人档案，并彼此分享他们使用的工具，而我们从未在销售和营销方面投过钱。这引起了我的注意，我想找出原因。

在接下来几年里，通过对一些用户的观察，我差不多已经找到了答案。当人们第一次查看自己的人格画像时，他们会在没有提示的情况下谈论他们性格中最重要部分，即便这是我们的第一次谈话。我见过一些结婚超过 20 年的夫妻查看彼此的档案，并开始就他们的关系进行深入的沟通，这是他们从未做过的事情。Crystal 从第三方的角度为他们提供了一座沟通的桥梁，而且这种沟通是非对抗性的。

在商务领域也是如此。有一天，一位名叫康拉德的销售代表给我发了一条信息，他说："我对自己发出的电子邮件从来没有这么自信过。"另一位名叫马库斯的企业家告诉我，自从使用了我们的产品，如果他在不了解对方性格的情况下参加会面，他会觉得自己在盲目行动。一些大型招聘企业也已经开始采用这种技术与求职者和招聘负责人沟通。

在我们公司的努力下，个人和组织在获得人格数据和大量用例方面有了巨大的转变。我们很快发现，Crystal 不仅仅是一款新产品，还成了人格 AI 这一全新领域的领军者。从这个意义上说，我们的客户是这场人格革命的先驱。这场革命使人们能够获得一些新的定性信息，从而比以往任何时候都能更好、更快地相互理解。这本书是这场技术、数据和心理学交叉革命的指南。由于 Crystal 在人格 AI 领域一直处于领先地位，因此我们积累了一些有价值的经验。我们想要与每一位想要运用人格数据来更好地完成工作的读者分享这些新理念。

自公司成立以来，我们在几乎没有营销和广告投入或大规模销售团队的情况下已经有了成千上万的客户。这表明人们对人格画像的需求越来越大。对此，我们有自己的结论，其中最重要的一点是：如今，世界高度互联，人们之所以需要人格画像，是因为他们正在想办法应对一个隐藏在这个世界表面之下的大问题，那就是虽然建立联系变得越来越容易，但与人沟通却变得越来越难，可以说非常难。

第 2 章

独特人格的内涵

当你的工作需要你与他人协作、建立关系或领导不同的团队时，你可能就像一位面前摆满了五花八门的香料的主厨。你用的香料越多，烹饪出的菜肴的味道可能就越丰富。有些香料混合在一起会让你尝试一次就放弃，有些会让你眼前一亮，还有一些会让你感觉还少点什么……你好像说不清楚。

和香料一样，我们都会给"餐桌"带来独特的味道——我们都有各自的生物特征、人生经历和社会影响。我们称这种混合为我们的人格。

从科学的角度来说，你的人格是一系列的行为、认知和情感模式，它们让你成了你。人格是你最好的朋友在被问道"[你的名字]是什么样的人"时给出的一些词语。他们可能会从你的发色、身高或头衔说起，但这些都是背景信息，而真正的答案隐藏在背后，如你在乎什么、你的动机是什么、你如何与他们互动，以及你如何看待这个世界等。比起你的内在特征，你的外在特征只是你很小的一个组成部分，不像你想的那么重要。

你是复杂的，你是独一无二的，你很难让人了解。你生活的这个世界上还有数十亿和你一样复杂的人。生活将我们扔进一个由我们的家庭、团队、公司和社区等组成的大熔炉中，其中充满了认知多样性。当风险很高时，我们的差异就会被放大。我们如果不了解彼此，就将面临巨大的压力、挫折或冲突。人们很难理解自己的行为和思维模式，更不用说让其他人了解你了。

我们的社会属性需要我们经常与朋友、同事和客户等打交道，而他们都有各自独特的行为模式、偏好和怪癖。我们的生存和发展取决于我们合作的能力，而这需要与他人沟通。为了有效地沟通，我们需要学习、理解和适应彼此。

在这个高度互联、充满猜忌的世界里，这越来越难做到了。对那些靠交谈、写作或结识新朋友为生的人而言，随着工作变得越来越难，他们更是苦不堪言。问问你身边的任何一位团队领导、销售人员或招聘人员，他们现在面临的最大挑战是什么？答案很可能是他们在与他人沟通和交流信息时面临着种种障碍。

在商言商。作为依靠我们与新客户建立信任的能力来获得生意的企业家，我们已经踏上了解决这个问题的旅程。我们的团队用了多年时间，将心理学、技术和数据科学结合起来，帮助人们更好地理解彼此，更有效地交流。本书概述了我们迄今为止总结的经验。

毋庸置疑，如果你希望你的电子邮件有 100% 的回复率或希望每个人都喜欢你，我们可能没有灵丹妙药，但我们可以提供一系列方法，新旧方法都有，你们可以从今天开始使用。我们将从关于人格的基本概念开始，一直讲到旨在提高沟通能力的 AI 技术。我们还将介绍一套移情驱动策略，帮助你更深入地了解你的受众，并开始以一种更实用的方式与他们建立联系。

是什么导致人格差异

借助现代人格心理学和神经科学，我们现在可以将人格差异归因于遗传因素和环境因素，这通常被称为先天与后天理论。该理论认为，人们的行为模式是由内在的先天禀性（"先天"）和外部影响（"后天"）共同作用而形成的。

在先天方面，几乎可以肯定的是，人在出生时，其大脑并非一张白纸。DNA

的差异导致一些人的神经化学与其他人有很大不同。所以，尽管人们的大脑都有相同的结构，但这些结构的外观和表现因人而异。

例如，一种名为多巴胺的化学物质负责大脑对欢愉和奖励的反应。研究人员认为，多巴胺与外倾性等几种人格特质有关。多巴胺系统活跃的人往往比多巴胺系统不活跃的人更外向，这意味着有的人生来就更喜欢社交、更友好，风险承受能力也更强。

这虽然只是先天与后天理论中的一部分，但人类大脑的这些差异有助于解释看似内在的行为模式往往会影响一个人的一生。在后天方面，我们也不难发现童年的成长经历、社交方式的变化和其他环境因素可能对人格产生的或短暂或长远的影响。

例如，研究人员在对不同国家 / 地区进行研究后发现，人格具有鲜明的地理分布特征，这意味着文化对人们的思维和行为方式产生了重要的影响。从个体层面上讲，出生顺序和父母的养育方式等家庭影响也会对孩子的成长和孩子成年后的人格产生极其重要的影响。

毋庸置疑，我们对人格的影响的研究仍十分有限，即使是我们目前所知道的也有不准确之处，但我们十分确定的一点是，你的人格不是一成不变的。今天的"你"与几年后的"你"可能判若两人，因为你处理信息、体验情感和与他人互动的方式在逐渐进化。

人格差异可能会产生问题

这种内在的多样性是一把双刃剑：一方面，我们的差异使生活变得丰富多彩；另一方面，差异也会造成不确定性、压力、沟通不畅和冲突。但凡与人打交道的工作都会面对这样的挑战。

不妨回想一下你曾在自己的职业生涯中看到的人格差异。

- 你是否见过两个有志向的人因为无法达成一致而放弃合作？

- 你是否因你的老板或领导将其风格强加于你而感到沮丧、无奈？即使有更有效的做事方式。

- 你是否曾经因为某份工作与你的生活态度、个人目标或发展预期相悖而离职？

- 你是否曾经觉得你精心起草的电子邮件在发出后像石沉大海？

上述这些沟通失败都根源于一个共性问题：人与人不同，我们很难理解那些与我们有不同想法的人。我们还能期待什么呢？在我们的一生中，我们可能只从一个视角看世界。虽然我们都有能力共情他人，并找到双方的共同点，但需要完全不同的能力来准确理解他人对世界运作方式的心理模式、调整我们的沟通方式、赢得他们的信任，并对他们产生最大的影响。如果没有了解和适应他人的必要信息和技能，我们对他人的了解不但难以做到客观精准，而且可能是肤浅片面的。如果我们要与不同人格类型的人建立联系并促使其采取行动，最好的办法就是设定沟通的目标，并设法实现其中一些目标。

第 3 章

成功沟通面临的最大挑战

在第 1 和第 2 章中，我们分享了关于我们第一家公司的故事，一方面是为了介绍 Crystal 的缘起和我们进入人格 AI 领域的原因，另一方面是想解释这项技术存在的原因。

沃尔特帮助我们厘清了我们与董事会之间的冲突，他说这种冲突是一个与资本主义本身一样古老的故事：双方有一个共同的目标；双方决定为实现该目标建立合作关系；发生的一些事情导致一方失去对另一方的信任，或双方不再信任彼此；双方中断沟通；双方皆输。

这种情况并不只发生在我们公司。沟通失败有多种表现形式，虽然失败并不总是有很大的影响，但比起公开冲突，有些失败更加令人费解。

也许你经历过以下一些失败：

- 尽管你竭尽全力去满足客户的需求，但他们似乎一直不满意；
- 你的老板什么事情都要管，不给你相应的自主权；
- 一位潜在客户原本很想买你的产品，但后来他不理你了，连你的电子邮件或留言都不回复；

- 你的同事不断地向客户做出承诺，却忽略了细节，留你收拾烂摊子。

我们的工作是软件开发，所以我们的成败通常很好界定，如你的 App 能否正常运行？它是否在按照程序运行？它是否会崩溃？一旦出现错误，我们能够快速测试它，找到错误，修复错误并记录下来，被人训斥一番，然后解决下一个问题。

当我们开始扮演起管理者的角色时，我们会意识到，人不是计算机程序，他们没有使用说明书，他们做的决策并不总是合乎逻辑，他们并不总是以完全相同的方式做事，即使你认为他们应该如此。大多数时候，他们甚至不知道自己真正想要得到什么。他们尤其不喜欢你揪住他们的问题不放。

解决沟通失败问题的第一步就是找到使沟通变得如此困难的原因。其中一些挑战是互联网的副作用，而有些挑战可能已经伴随人类数千年了。

挑战 1：人是复杂的

作为人类，我们一边制造混乱，一边建立秩序。阴阳不但存在于人与人之间，还存在于人的体内。冲突似乎已经融入了我们的 DNA。

人格神经科学领域的研究人员最近发现，一些人格特质源自我们脑化学中可观察到的差异。例如，具有高于平均水平外向特质（如自信）的人往往有更活跃的多巴胺系统。此外，具有讨人喜欢的特质（如有礼貌）的人，他们的血清素水平可能较高。

这些差异可以部分使用我们的基因、我们的成长经历和我们面对的社会环境来解释。你可以将它想象成你的"硬连接"，也就是你做决策时所基于的操作系统，你的行为模式由此产生。

当然，自由意志还有一个未解之谜，即它能让我们以我们的"硬连接"所要求我们的完全相反的方式行事。

当你将所有这些差异都集中到一个人身上时，你面对的将是一个复杂到难以想象的情感、思想和欲望的混合体。我们都有自己的习惯、疑惑和外部动机，这不可避免地使事情变得更加复杂。

这说的还只是一个人的情况。当我们在一起工作时，就好像我们要将两种或多种食材炖在一口锅里，并希望它有好味道。

在生意场上，一锅味道糟糕的炖菜可能会让人付出高昂的代价。

挑战 2：人是有偏见的

当你每天都在花大量时间与人打交道时，你像是在一张复杂的网上爬行。这张网由关系、经历和人格差异构成，它一直在移动、变化和扩展。当你自认为已经对周围的人有所了解时，也许他们就变了，也许是你变了，也许你需要去寻找新的一群人。

解决这类问题最简单的方法可能就是拿出个人偏见作为挡箭牌。例如，我们习惯开口就说"世界上有两种人……"或者"我只和……的人共事"之类的话。

偏见的问题在于，它们会成为盲点，让你看不到机会，甚至更糟糕的是，让你看不到危险。

每个人的人格中都有盲点。遗憾的是，如果不是因为我们在某事上出了问题或与某人发生了冲突，我们甚至都注意不到它们。即便如此，我们可能也会很快找到别人的错误，而对自己目光短浅视而不见。

关系盲点和其他类型的社会偏见是随着时间的推移逐渐形成的。在有过几次类似的经历之后，我们可能会变得不堪一击。不妨让我们重温一下电影《点球成金》（Moneyball），这部影片讲述了奥克兰运动家队（Oakland A's）通过发现并利用其他 29 支球队的盲点，在美国职业棒球大联盟（Major League Baseball，

MLB）中取得成功的故事。

棒球球探需要具备一种定性的、基于经验的技能，这种技能更多的是一门艺术，而不是科学。当评估一位年轻球员的能力以预测其前途时，经验丰富的球探常常说类似"击球声音很棒"或"他很有心"的话。可见，他们仍然在使用 100 多年来用于评价棒球运动员表现的传统统计数据。

这种思维方式导致了很多认知偏差，例如以下几种。

- **证实偏差**。我们会使用新信息来强化我们已有的观念和看法，而不是让它去影响和改变它们。例如，"你看！你看！我早就知道这一定会发生。"
- **从众效应**。我们过于依赖他人的行为来做出我们的决策。例如，"但是妈妈，每个人都在这样做。"
- **晕轮效应**。我们会根据一个人在一个完全不同领域所取得的成功而赋予其积极的特质。例如，"吉尔是我们最好的销售代表，因此她一定会成为一位优秀的销售经理。"
- **乐观偏差**。我们不理智地认为，我们比其他人更不可能经历不幸的事。例如，"那样的事永远不可能发生在我身上。"

就像人格特质一样，偏见似乎也是与生俱来的。当我们想要基于有限的信息做出决策时，我们可以"求助于"偏见，但如果我们不能识别它们，它们也可能让我们做出非常糟糕的决策。当你在一个充满不受控制的偏见的团队中工作时，就好像你驾车与很多挡风玻璃被挡住、后视镜也坏了的汽车一起行驶在四车道的高速公路上一样，你这是在自找麻烦。

棒球队的高管们也不例外，他们和你我一样，也容易受到这些偏差的影响。因此，MLB 的球队都有很多盲点，这就创造了一个机会。

奥克兰运动家队是 MLB 所有球队中最穷的球队之一，这决定了他们无法签下那些昂贵的自由球员，也无法花钱解决某些问题。对于有些事情，他们连想都不敢想。该队的总经理比利·比恩（Billy Beane）发现了 MLB 球队中的大量盲点，并率先利用了这些盲点。

他没有关注传统的统计数据，而是关注那些不那么吸引人眼球的数据，但这些数据却对赢得比赛有更大的影响。他在自己的球队中反对凭感觉寻找球员的方法，而使用了一种更系统化、更具分析性的方法。他没有将目光投向市场上那些大牌、高薪的自由球员，而是签下了那些被埋没、尚未引起人们注意的潜力球员。

他密切关注竞争对手，并直接利用他们的盲点，结果出人意料。2002 年，奥克兰运动家队采用克服偏见、以数据为驱动的方法，获得了联盟第二名的成绩，赢得了分赛区冠军，并一度连胜 20 场。他们的策略（被称为点球成金）很快被更多的球队采用，并迅速地改变了棒球队看待球员的方式。

当我们受到偏见影响时，我们的盲点就会增加。我们可能会错失机会、犯错误，让自己在竞争中不堪一击。我们可能会失去客户、让同事失望、让我们所爱之人失望。

因此，我们需要有条不紊地，甚至像做外科手术一样来找到我们的盲点。在我们公司，我们称其为在聚光灯下寻找我们的失误。如果不这样做，我们就不可能进步。

挑战 3：人们越来越怀疑彼此

人类有一种根深蒂固的、超乎寻常的渴望去了解他人和被他人了解。我们生来就是为了建立联系，我们只有在群体中才能生存。

小美人鱼说得好："我想去人们生活的地方。"所以，我们都沉迷于我们的手机也就不足为奇了。

无论好坏，社交媒体都充分利用了人类的这种冲动，为我们提供了从未有过的建立人际关系的途径，或者至少是关于人际关系的幻觉。通过使建立联系和交流变得更加简单，社交媒体已经为我们对集体心理的研究注入了一些微妙但意义重大的动力。我们仍在探索以下问题。

- **我们更能控制别人对我们的看法**。我可以为自己精心打造一个个性鲜明、足智多谋的公众形象，不管这个形象是否反映了真实的我。我可以精心策划我生活中想让你看到的那部分，藏起不太光鲜亮丽的那部分。

- **我们将人际关系视为一个复选框**。在领英（LinkedIn）上建立联系或在Facebook 上成为朋友应该是开启一段新关系的第一步，但有时往往也是最后一步。有多少人你见了一次面后就再也没说过话，而只是默默地关注他们的生活？我可以说出很多我更喜欢，而不是我朋友的人的名字。如果我亲眼见到他们，我可能会不好意思告诉他们，我非常清楚他们是如何度过上个假期的。我们甚至可能没有眼神交流，但我们仍是朋友。

- **我们对人有无限的选择**。在经济学中，如果增加市场上某种商品的供给，这种商品的价格就会下降。在某种意义上，我们在这些社交网络"市场"上都是可用的——如果潜在新关系的数量是无限的，那么每个关系的价值会发生什么变化？因此，我们应如何以不同的方式对待彼此？

你可以看到，这些转变正在我们的工作、友情、爱情和社交生活等方方面面发生。这个通信技术的黄金时代可能正在开启一个沟通的黑暗时代，因为我们正竭尽全力地用屏幕、比特和电线重建"面对面"的真实关系。

当销售、招聘和领导职位上的沟通专业人士认为工作变得越来越困难时，他们会更强烈地感受到这种转变。虽然人们会根据他们安排会议、进行有意义的谈话、建立长期业务关系的能力来评判他们，但他们的潜在客户却并不买单。

谁又能责怪他们呢？他们的收件箱被自动发送的邮件塞满了，他们无法区分哪些邮件是人发送的，哪些邮件是机器人发送的。他们每天都会收到来自另一个人的随时连线请求，并附有如何解决所有问题的疑问，要求他们可以在这个星期的日程中给他留 15 分钟。

在这种情况下，人们怎么能期望得到回复呢？即使是那些最讨人喜欢、最值得信赖和最具权威性的专业人士，可能也很难与人建立起联系。

第 4 章

如何了解他人的人格

你最近一次旅行的目的地是哪里？

我最近去了意大利。借助族谱网站 Ancestry.com，我从西西里岛出发，沿着公路直抵罗马，进行了一次寻根之旅。

虽然我有一个意大利姓氏 D'Agostino，但我几乎不会说意大利语，也从未踏上过那片土地，而且我对那里的了解并不比电影《教父》（*The Godfather*）的粉丝多。当然，我可以通过别的途径了解那里。例如，维基百科可以告诉我关于罗马人的前世今生，猫途鹰（Tripadvisor）可以告诉我庞贝古城在哪里，Yelp 可以告诉我巴勒莫有 1000 家冰激凌店。

然而，知道某个地方的一些故事不等同于了解那个地方。

虽然我在过去的一年里阅读了很多有关罗马历史的文章，但我仍然无法告诉你站在罗马斗兽场中央并想象角斗士们的生活是什么样的感受。猫途鹰没有告诉我在维苏威火山上看日落是什么感觉。Yelp 无法告诉我，在一个空气湿润的夜晚，在西西里岛的街边品尝的冰激凌是什么味道。要想解开所有谜团，并真正了解这个地方，我就需要亲自走一趟。

与人相处也是一样的。只需借助一份社交档案，我就可以了解很多关于你的信息，即使我没有见过你。例如，你曾经在哪里工作、在哪里上学、有哪些朋友，以及在万圣节，你如何打扮你的狗。在大多数情况下，我甚至可以获得一些更定性的信息，如你的兴趣爱好和政治观点等。

然而，这就意味着我完全了解你吗？当然不是。事实上，这些都只是看得见的方面，而在你精心填写的领英的个人资料背后还有更多内容。

你有正在为之奋斗的人生目标和激励自己前行的深刻动机；你有独特的表达方式、成熟的写作风格以及自己喜欢的理解信息的方式；你有只有你亲密的朋友才知道的习惯、恐惧、烦恼和核心价值观；你有与你的发色或身高一样真实的人格特质……但不了解你的人是看不见这些的。

就像一座冰山，人们只能看到水面之上的你的一小部分，但水面之下的那部分更大、更神秘，也更重要。全世界可能都知道你是一家财富 500 强公司分管财务的副总裁，拥有哈佛大学的 MBA 学位，但只有你的家人知道，你还是一个乐于助人、擅长分析、忠诚而且特别爱吃比萨饼的人。

如果那些需要在工作方面与你建立起信任和坦诚关系的人能够得到这样的信息，这难道不是一件好事吗？当然，凡事都有局限性，因为你是人。毕竟，你可以用来了解你的潜在客户、客户和同事的时间、精力和星巴克礼品卡只有那么多。

但是，如果你能得到一些更重要的信息，如某人的动机、脾气禀性和感知风险的能力等，会怎么样呢？如果你能获得这些信息，它将如何改变你的沟通方式呢？

这正是人格模型的用武之地。数千年来，哲学家和心理学家已经观察到人类行为的差异，并建立了各种结构来代表每种类型。人格测试一直是测试一个人的人格类型的可靠方法。近年来，这些方法也一直在被持续改进。

然而，人格测试可能很难甚至不可能进行。数百万我根本不相识而因此无法对他们进行人格测试的人怎么办？我是不是只能了解与我有直接关系的人以及一些知名人士的人格？

这里正是大数据、人工智能和现代心理学研究的融合之处，这种融合将形成一种全新的信息类别，并将有助于人们比以往任何时候都更好地相互理解，更有效地沟通。这就是人格 AI。

共情方程：成功互动的准则

每个人都有独特的感知世界的心智模式，即对现实世界如何运行的看法，这决定了他们如何与他人互动、对他人有何期望以及如何做出决策。

你的思维方式可能与你的同事、销售对象或供应商大不相同，再加上你们有不同的背景、社会期望和行为倾向，你们的沟通有时会变得困难重重。

然而，这也可能不会影响沟通。将棘手的问题分解成若干个简单的问题可能会很有帮助。在这种情况下，我们可以将互动中最重要的因素总结成一个公式，然后创建一种标准化的方法，并将这种方法应用于未来的每一次互动。

我们有一种被称为共情方程的方法：

共情 = 想要什么（what）+ 为什么想要（why）+ 怎样做（how）

这是一种能够让你在每次面谈、每通电话或每封电子邮件中都获得最大成功机会的方法。它要求你在与他人互动之前先确定以下三个关键事项：

- 对方想从互动中得到什么；
- 对方为什么想得到这些；
- 对方想如何互动。

例如，我想要求加薪，这一定是一次令人紧张和伤脑筋的谈话。我无法确信自己在谈话中能始终做到充满勇气和进退有度，但如果我能确定共情方程中的三个关键事项，我就更有信心得到我想要的结果。

- 想要什么：我的上司希望我至少在接下来的两年内继续效忠于公司，而且更高效、更积极地工作。
- 为什么想要：如果我们团队超额完成了年度任务，并留住了表现最好的员工，我的上司可能就会升职。
- 怎样做：我的上司最喜欢用大量的历史数据来支持他做决策，所以我必须在与他见面之前准备尽可能多的资料。

或者，假设我正在推销我们公司的活动管理软件，并且正费尽心思与某所大学里的活动组织者建立联系，那么在我发送下一封电子邮件之前，我应做好以下功课。

- 想要什么：活动组织者希望邀请尽可能多的事业成功的校友报名参加今年的活动。
- 为什么想要：参加活动的校友越多，学校的筹款目标就越可能实现，活动的组织方将得到校董会更多的关注和资助。
- 怎样做：这次活动的组织者目标明确，且以行动为导向，所以我发出的每一封邮件都必须言简意赅，切忌使用过分正式的语言。

简单的策略往往优于复杂的策略。我们每天都要面对很多谈话，把握谈话最基本的组成部分就很重要。了解每一次对话中的"想要什么""为什么想要"和"怎样做"，可以帮助你确定谈话的基础、可遵循的过程，以及在出现问题时可以依赖的关系。

当你每天都与某人一起工作时，你可以随着时间的推移提出一些问题，并了解这些问题中包含的"想要什么""为什么想要"和"怎样做"。然而，当你与陌生人沟通或遇到沟通困难的情况时，这些问题的答案并不总是很清楚，而且你也没有太多时间去寻找答案。

人格理论能够帮助我们以结构化的方式快速理解这些信息。

关于人格画像的基础知识

如果共情方程是了解他人和与他人建立联系的引擎，那么人格信息就是燃料。

了解某人的决策过程，可以告诉你很多关于他想要什么的信息。

了解某人的关键动机，可以告诉你他为什么想要。

了解某人的沟通风格，可以告诉你应如何使你的信息个性化，以吸引他的注意并促使他采取行动。

当然，了解这些信息绝非易事，需要付出一些努力。即使在工作中你与某人关系密切，你也可能无法完全了解他的性格，无法预测他在面对新情况时的行为方式。

2000 多年来，哲学家、心理学家和数据科学家都在尝试通过建立模型来了解人类的人格差异以及由此产生的不同的行为模式。他们的研究涉及多个学科，他们的见解来自临床观察、宗教学、学术研究和大数据分析。

虽然研究方法会随着时间的推移而改变，但目标始终如一，即了解人格类型是否真的存在，如果存在，它们之间有何不同。

最受欢迎的人格模型概述

人从来都不是 100% 可预测的，但他们的行为也不是完全随机的。我们遵循着一些模式，群体中许多看似不相关的行为实际上是相互关联的。人格模型帮助我们描述了这些行为模式。

你也许听说过几个比较流行的人格模型，如 MBTI、DISC、九型人格和大五人格。这些模型都使用一组标准化的人格类型或特质来解释人们的行为差异，其中一些模型可能比其他模型更科学。每种模型都有其优势和短板，可以应用于不同的情况。

尽管没有哪种人格模型是预测人类行为的完美公式，但模型最有价值之处在于，它能够以客观、不带偏见的方式，使用共同语言来讨论我们的行为。采用没有倾向性、没有量化特征的词语来讨论人的行为倾向虽然远不如面对面交流那样私人化，但它使关于人格的讨论更富有成效、更具非对抗性，也更让人愉悦。一旦你了解了一种人格模型，它就将帮助你了解日常沟通和建立联系的方法。

接下来，我们将简要介绍几种主要的人格模型。

大五人格

人格五因素模型通常被称为大五模型，它是心理学研究中最常用的人格模型之一。

心理学家已经确定了五种独立的人格特质，这些特质在任何人群中都互不相关，每种特质都有其自身的内在依据和可观察到的行为。它们分别是：

- 开放性；
- 责任感；
- 外倾性；
- 宜人性；
- 神经质。

每种特质在一般人群中都有一定的占比。例如，我的开放性比 91% 的人高，但责任感只比 45% 的人高。虽然这种精确的特征测量方法使大五人格模型在个体研究方面非常准确、可靠和实用，但将它应用于人际关系和沟通时有一定的局限性。

MBTI

MBTI 可能是最知名的人格评估方法。该模型是凯瑟琳·库克·布里格斯（Katharine Cook Briggs）和她的女儿伊莎贝尔·布里格斯·迈尔斯（Isabel Briggs Myers）在卡尔·荣格（Carl Jung）的心理类型的基础上创建的。

该模型采用四种"二分法"，代表人们在特定人格维度上的差异，具体如下：

- 内倾和外倾；
- 直觉和感觉；
- 情感和思维；
- 知觉和判断。

MBTI 是从临床观察而非对照研究发展而来的。虽然该模型获得了广泛的认可，有助于提高公众对人格类型的认识，但它也因存在一些明显的缺陷而遭到批评，其中包括以下两点：

- 每种人格特质都表示为二元的"非此即彼"而不是一种正态分布（钟形曲线），但后者才是人格特质在人群中的实际分布方式；
- 有证据表明，某些特质差异实际上并不互相排斥。

尽管有这些批评，但 MBTI 仍有助于推动关于人格差异的研究和深刻理解人类的行为变化。

九型人格

九型人格的根源可以追溯到 1000 多年前，近年来，它越来越流行。该模型由九种主要人格类型构成，它试图描述我们行为背后的深层动机、恐惧和情感驱动因素，而不是单纯地识别行为特质。由于它缺少大五模型的经验证据和严谨性，因此并没有被频繁地用于人格科学研究，而经常用于自我发展、咨询和关系指导。

DISC

DISC 是一种四因素人格模型，由心理学家威廉·马斯顿（William Marston）[①] 于 20 世纪初提出。该模型与另一种四因素模型，即大约 2000 多年前由希波克拉底（Hippocrates）提出的四种性情非常相似。

该模型观察到四种主要的行为模式，这些行为模式在人群中均匀分布。每种模式都有一组看起来不相关却经常一起出现的特征。这四种主要的行为模式分别是：

- 支配；
- 影响；
- 稳健；
- 谨慎。

四因素人格模型虽然是从临床观察中发展而来的，但也得到了科学研究的验证。研究表明，四因素与人格五因素模型之间存在相关性，尤其是在谨慎、外倾性、宜人性等方面。

DISC 的简单性和准确性使其在教练、咨询和培训等专业领域非常受欢迎。当效用、应用和人际行为变化最重要（如涉及销售、营销、领导力和人才培养）时，它最有用。

表 4-1 比较了几种主要人格模型的优势、劣势和最佳应用范围。

[①]　他还创作了漫画《神奇女侠》（*Wander Woman*），并发明了测谎仪。

表 4–1 主要人格模型的比较

模型名称	优势	缺陷	最佳应用范围
大五人格	• 最科学的有效性和可靠性 • 常用于心理学研究 • 对个体特质的精确测量	• 很难得出一般见解和建议 • 与一些负面社会结果相关的神经质特质	• 个体的人格评估 • 群体人格研究 • 咨询和治疗
MBTI	• 最受公众欢迎 • 容易理解 • 有许多在线学习资源	• 过度的二元特征（一个或另一个，没有中间选项） • 某些特质的有效性不足	• 与广大受众进行个性化讨论 • 自我发展计划
DISC	• 容易学习 • 对个人和关系洞察都有用 • 在专业教练和顾问中非常受欢迎	• 以最简单的形式呈现非常一般的见解 • 洞察主要集中在行为方面，而不是更深层次的思维模式	• 专业的教练和培训 • 改善沟通和关系 • 职业生涯和生活方式决策 • 团队建设和领导力开发
九型人格	• 迅速普及 • 描述深层动机、恐惧和情绪驱动因素	• 缺乏严格的有效性和可靠性研究 • 往往带有更多的主观性，容易受到个人偏见的影响	• 个人自助和咨询 • 关系教练

第 5 章

人格图谱

在 Crystal 中，我们采用 DISC 作为我们的主要模型有以下几个原因。

第一，它经受住了时间的考验。DISC 本身就是对已经有 2000 多年历史的四因素模型的现代化改编。

第二，它在科学上是有效的。DISC 与大五人格特质相关，而大五人格是心理学研究中最常用的人格模型。大五人格对于研究个体（而非群体）的人格很有用，DISC 对于解释人与人之间的沟通和关系更有用。

第三，它是灵活易懂的。DISC 只需要你记住四种主要的行为模式，但这四种模式可以分解和组合成多种组合。任何人都可以在几分钟内掌握如何使用它。

结合现有的研究成果和从 Crystal 用户处收集到的数百条个人格数据，我们确定了人们有 16 种不同的行为模式，我们称这些行为模式为原型。

每个原型都有一个名称笼统地描述相关的行为，并且每个原型都与一个 DISC 类型相关联，如表 5–1 所示。

表 5-1　　　　　　　　　DISC 类型、原型以及相应的人格特质

原型	DISC 类型	共同特质
领导者	D	自信、直率、有说服力
驱动者	Di	有说服力、随和、自信
发起者	DI	自信、敢于承担风险、有冒险精神
影响者	Id	有冒险精神、有远见、热情
推动者	I	热情、开放、灵活
鼓励者	Is	灵活、有吸引力、外向
协调者	IS	外向、平和、友好
顾问	Si	友好、灵活、善于辅助
支持者	S	善于辅助、不搞对立、稳定
计划者	Sc	稳定、谨慎、规避风险
稳定者	SC	规避风险、有条理、细节导向
编辑者	Cs	细节导向、一丝不苟、善于分析
分析者	C	善于分析、行为规矩、客观
怀疑者	Cd	客观、有逻辑性、有条理
提问者	CD	有条理、好问、固执
创造者	Dc	固执、执着、自信

要想有效地使用 DISC，你不需要记住上述类型，而可以使用我们创建的人格图谱，如图 5-1 所示。

人格图谱是 DISC 的可视化展示，每个原型都位于其对应的 DISC 类型之上。

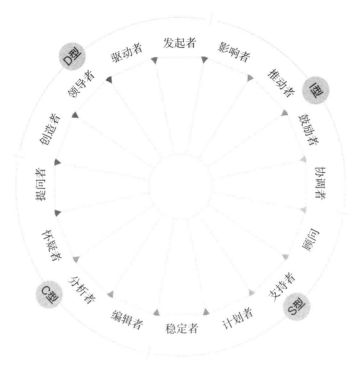

图 5-1　展示了 16 种独特的人格类型的人格图谱

你在人格图谱中的位置

每个人在人格图谱中都有一个角色（可以用一个点表示），而且这个角色是 16 个原型中的一个。例如，我的点位于影响者原型的范围内，如图 5-2 所示。

我的人格原型并不能解释或预测我在不同情境下的性格，但它确实能反映我以某种方式行事所需要的精力。

每种行为在图谱上也有一个位置，最接近最自然地展现这种行为的原型。如图 5-3 所示，教授同事一项新技能需要大量的互动和耐心，因此它与顾问、支持者和计划者原型一起，位于人格图谱的右下侧；而改进系统以使其更高效则需要进行大量有深度、有逻辑的独立思考，所以它位于人格图谱的左侧。

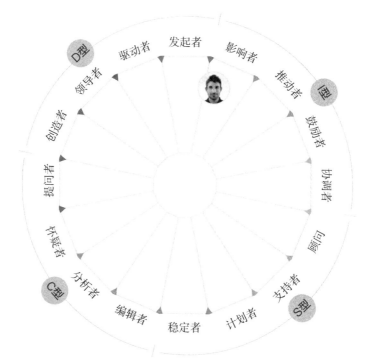

图 5-2 本书作者德鲁·达戈斯蒂诺在人格图谱上的位置

　　将你在人格图谱上的位置想象成你的行为的"基地"。如果某种行为在图谱上离你的"基地"很近，那么开车到那里就不需要太多油。你可以一整天都在路上，而油箱仍然是满的。但是，如果某种行为在图谱上离你的"基地"很远，那么到达那里就需要更多的油。当然，你有时也能开车穿越整个图谱，但如果你不断地来来往往，最终你会用光所有油。这对任何人都没好处。

　　作为一个天生的影响者，我很容易以 DISC 中 I 型和 D 型的行为方式行事，例如，在团队面前发表演讲或带领团队应对混乱的局面等。然而，在别人看来很轻松的其他工作，如熟练地使用电子表格或策划活动，实际上很快会让我精疲力竭，如图 5-3 所示。

图 5–3　人格图谱上的每个位置都有自然而然的活动

当然，我完全有能力策划活动或使用 Excel。但人格图谱告诉我，这些活动可能超出了我的能力，所以它们会耗费我很多精力。

正如你可能想象的那样，这对你选择工作、选择与之共事的人以及构建生活的方式有很大的影响，我们稍后将详细探讨。首先，让我们深入地了解一下人格图谱，以了解你的位置究竟意味着什么。

垂直位置：你如何与环境互动

你与图谱中心的垂直距离（从顶部到底部）通常会显示出你更喜欢如何与你的物理和社会环境互动，如图 5–4 所示。

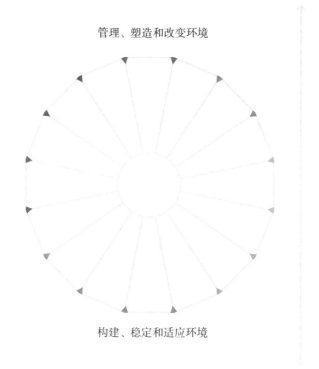

图 5-4　人格图谱显示了从顶部到底部的差异

　　人格图谱上半部分的原型倾向于管理、塑造和改变其周围的环境。你在图谱上的位置越高，你就越容易控制你周围的环境，你对风险和不可预测性的容忍度也越高。而人格图谱下半部分的原型倾向于构建自己周围的环境，并使其稳定和结构化。你在图谱上的位置越低，你就越喜欢规避风险，越注重细节。当他人选择方向，而你确保一切顺利时，你通常会感觉很自在。

水平位置：你如何与他人互动

　　你与图谱中心的水平距离（从左至右）通常会显示出你天生如何与其他人互动和合作，如图 5-5 所示。

人格图谱左侧的原型倾向于独立行动，并更重视自主权。在与他人交往之初，他们通常会保持一定的距离和怀疑态度，直到建立起信任，而且他们在沟通时通常会使用更正式的语言。图谱右侧的原型在建立新关系时通常会采用不同的方法，因为他们往往更开放，在很多情况下，他们都会选择信任他人。他们在沟通时倾向于使用更温暖、更随意的语言。

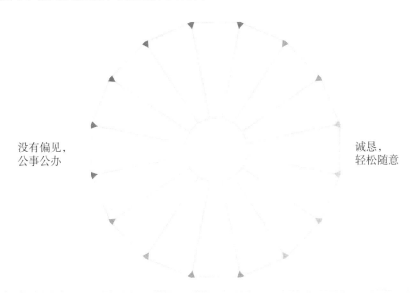

没有偏见，
公事公办

诚恳，
轻松随意

图 5-5　人格图谱显示了从左到右的差异

在一个复杂、有偏见、超链接的世界中生活

人格差异、固有的偏见和铺天盖地的垃圾信息让我们在工作时紧张不安。我们可能会觉得沟通的规则已经永远被改变了。

然而，当你更深入地研究新的沟通渠道和网络时，你会发现规则其实没什么变化，人还是人。我们仍然有相同的沟通方式和核心需求，而且我们遵循着与以往相同的行为模式。关于人性和人格的真理就像物理定律一样一成不变。

我们仍然在玩同样的游戏，只不过是在一个非常不同的领域。如果我们想成为一位成功的专业沟通者，我们就必须调整策略。在接下来的几章中，我们将介绍如何识别和利用自己的人格类型、如何理解他人的人格类型，以及如何利用这些信息使你的工作获得成功。

2

阅读你的"使用手册"
了解你的人格以及如何驾驭它

Predicting Personality

第 6 章

人格差异塑造关系

"看！快看！鱼！鱼！鱼！"

多亏了厄尼，全世界成千上万的孩子在坐船时都会发出这样的呼喊。

即使是一个成年人，也会在观看《芝麻街》（*Sesame Street*）时与剧中的另一个角色伯特产生共鸣。他最喜欢的书是《无聊的故事》（*Boring Stories*），还喜欢收集回形针。据说他是二人组合中更勤奋、知识更渊博的那一位，但他那套合乎逻辑且行之有效的钓鱼方法却没有让他钓到很多鱼。虽然他耐心地坐在那里，手握鱼竿，遵循着传统的规则，但他却一无所获，而厄尼那套看似愚蠢的呼叫鱼的方法却很管用。这似乎很荒谬，甚至有点不公平。

"三条……四条……五条……"令伯特吃惊的是，鱼一条接一条地跳进了他们的船里。他的疑惑很快变成了好奇，于是他向这位性格更外向的朋友请教原因。虽然整件事看起来很疯狂，但伯特是一个实用主义者，只要发现一种管用的方法，他就会被说服去改变。厄尼给了他一些简单的提示，他试着喊了几声，但没有效果。

"伯特，你的声音不够大！"

伯特又试了一遍。

"还是不够大。"

对外向、喜欢开玩笑、乐观的厄尼而言，他好像天生就会呼叫鱼。他呼叫鱼时就像在唱歌，这种呼叫是发自内心的。尽管伯特尝试了多次，但这种奇怪的行为并不奏效。他平时比较严肃，有很强的自制力，你可以从他的声音中听到犹豫和被迫。

最后，伯特发出了一声巨大而笨拙的呼叫声。声音未落，有个东西跳到了船上……一条鲨鱼！他转向镜头，向观众做出了他标志性的"不要再来了"的表情，然后就晕倒了（这令厄尼觉得很好笑）。

他们的人格差异在《芝麻街》的数百个场景中体现得淋漓尽致，他们用冲突、困惑和和解俘获了整整一代年轻观众的心。这两个角色本应该不喜欢对方，但他们却建立了一种忠诚和信任彼此的友谊，并持续了数十年。虽然他们生活在一个专门为孩子们设计的虚构的木偶世界里，但他们之间的关系揭示了一个关于人类的深刻而持久的真理，我们都可以从中获得启示。

人们以不同的方式联系在一起，这让世界变得奇妙无穷。遗憾的是，这也让事情变得非常复杂。投资家瑞·达利欧在其所著的《原则》（*Principles*）一书中认识到了这一事实，并描述了每个人在试图理解现实时发生的"伟大的大脑之战"：思维与感受、计划与感知、左脑与右脑、专注于任务和目标……我们每个人都被设定了一套独特的心理特征。

我们特定的一组属性或者说我们的人格，就像一个操作系统，让我们每个人都以不同的方式与外界互动。当一个人的"系统"提示他有危险时，另一个人的"系统"却可能将这种危险视为机遇。一个人看到一群人时会选择逃避，而另一个人看到这群人时可能会充满好奇地接近他们。也许你也可以具体地描述出这种差异如何存在于你的家庭中。

这是为什么呢？为什么我们如此相似，却又如此不同呢？数千年来，哲学家、心理学家和神经学家都在问这个问题。多样性似乎是人类与生俱来的。当我们利用我们的差异时，我们可以追求令人惊叹的成就，实现平衡、和谐和进步；而当我们放任我们的差异而造成分歧时，随之而来的将是令人难以置信的破坏和无休止的冲突。

时至今日，人格心理学尚未发展成一门精确的科学。即便如此，我们也正在尝试解开一些关于人类思维复杂性的谜题，以理解人们的行为方式、他们为什么如此行事，以及导致这些模式的原因。科学研究、临床观察和实践经验告诉我们，虽然百分之百准确地预测一个人的行为是不可能的，但我们有一定的信心来了解一个人在特定情境中的行为方式。

瑞·达利欧在他的公司中会运用"知道人与人之间的联系是非常不同的"这一关键原则来进行有效的沟通、促成员工之间的"化学反应"，并帮助员工为成功做好准备。他为企业家、领导者和专业人士提出的建议很简单：弄清楚你和其他人是什么样的人，并利用这些信息更好地管理自己和影响他人。

第 7 章

如何确定你的人格类型

所有这些人格模型（包括人格图谱），只有在它们反映现实的时候才有用。其中不少模型（如大五人格和 DISC），都有重要的研究支持，以证明其有效性，而有些模型更多的是基于观察而提出的。我们可以一直讨论人格特质的科学基础和每种人格模型的利弊，但有时理解人格类型等抽象概念的最佳方式是研究一些案例。

人格类型不受欢迎，是因为那些内容深奥的研究论文；它们备受欢迎，是因为它们符合大多数人在日常生活中对世界的体验。我们已经通过自己的观察对人格类型有了一些直观的认识，DISC 等人格模型也为我们提供了一些标签。

传统上，衡量一个人的人格特质和判断他天生的人格类型最可靠的方法是对他进行问卷评估。这类评估问卷可能包括几十个甚至上百个问题。

最近，人工智能使我们可以使用文本样本分析和属性分析这两种新方法来判断一个人的人格。文本样本分析的功能恰如其名，即分析一段文本中的内容和风格，以确定作者最有可能的人格类型。属性分析使用更结构化的数据，如某人的职位、雇主、技能和兴趣等，来计算出他最有可能的人格类型。这两种方法都可以让我们判断一个人的人格类型，而不需要他填写问卷。这是一个了不起的进步，为了解人的人格打开了一扇大门，还可用于销售、招聘、营销等领域。

上述三种方法各有利弊，如表 7-1 所示，稍后我们将详细介绍它们的工作原理。现在，你只需知道这些方法是什么，以及你可以选择使用其中一种方法的原因。

表 7-1　　　　　　　　　　　　　　判断人格类型的方法

方法	优势	缺陷
问卷调查	• 准确度高 • 知名度、接受度高	• 耗时 • 易受人为操纵和偏见的影响 • 需要个体的参与
文本样本分析	• 可靠的精度 • 个体分析方便、快速 • 不需要个体的参与	• 需要人们提供足够的文本样本 • 容易受到那些故意修改自己写作风格的人的误导
属性分析	• 分析大规模群体的唯一可拓展方法 • 使用有限的数据进行预测 • 不需要人们参与	• 准确性只能达到中等水平，特别是在特征数量很少时 • 需要结构化的数据集

人格 AI 旨在基于可以得到的数据和资源，为人们提供最准确的人格画像。结合使用这三种方法，你可能就拥有了一个几乎可以适用于任何情况的工具。

人格评估的运用

如果你希望了解他人复杂的性格，你就必须了解自己的性格。在第 8 章中，我们将对每种人格类型进行详细介绍，如它们的特质、优势与盲点、沟通偏好等。

在工作中发挥你的个性

在人格图谱上找到你的位置是一种有趣、有益的经历，有助于你更深入地了解自己。当你学会如何将它应用到日常生活中时，你会发现它是一种非常强大的工具，可以释放你不知道自己拥有的潜力。

在工作中，你每天都需要就如何安排你的时间、与谁互动以及追求什么目标等做出决策。当你能够准确地了解自己的个性，并能用一种通俗的语言来描述它时，你就可以用真实的数据来支持这些决策。

有了这些信息，你在职场中就有了一份指南，不用凭直觉行事。在第 8 章中，你将了解你的人格类型。

16 种人格类型

通过阅读前几章内容，你现在应该知道与你的典型行为模式最匹配的人格类型了。在本章中，我们将分别对这 16 种人格类型进行更详细的介绍，如每种人格类型的沟通方式、工作偏好、优势和盲点等。

你可以直接阅读关于你的人格类型的内容。不过，我们建议你一定要读一读关于其他人格类型的内容，尤其是当你知道你的亲朋好友中有一位属于某一特定人格类型的时候（如果你想知道阅读本书会给你的生活带来哪些直接影响，你就应该这样做）。

领导者型人格

拥有领导者型人格的人通常是自信、严谨和雄心勃勃的。在工作中，他们是务实、以结果为导向的执行者。他们行动敏捷，能够果断且客观地做出决策。

领导者型人格位于人格图谱左上角，如图 8-1 所示。他们更喜欢独立，当别人希望他们更具合作精神时，他们可能会心存不悦，甚至不耐烦。他们还可能喜欢掌控局面，而不愿被动做出反应。

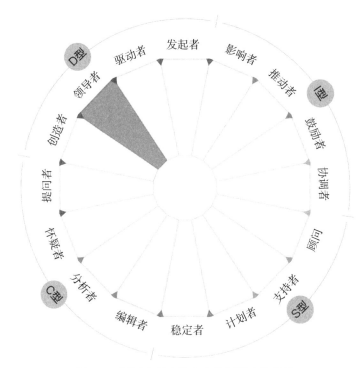

图 8-1　领导者型人格在人格图谱上的位置

人格特质

拥有领导者型人格的人倾向于：

- 在追求目标时足智多谋、意志坚定、自力更生；
- 享受在竞争环境中与他人互动；
- 对自己和他人的表现寄予厚望；
- 享受激烈的辩论；
- 不随大流，不易受他人的影响。

优势与盲点

每种人格原型都有其优势和盲点，通常这些优势和盲点会在特定环境中被放大。在这种环境中，我们可能会遇到背景和价值观体系截然不同的人。

拥有领导者型人格的人通常有以下优势：

- 直接沟通，重事实，使用非正式语言；
- 注重结果和现实的预期；
- 做决策时非常坚定和果断；
- 分配工作时以目标为导向，省略不必要的细节；
- 行事时保持紧迫感；
- 通过创造竞争性挑战来激励他人；
- 以客观的方式清晰而准确地指导他人；
- 渴望控制权和自主权。

拥有领导者型人格的人通常有以下盲点：

- 因想尽快解决问题而未能让他人参与；
- 为追求简洁而忽略了太多细节；
- 在提供具体指导时缺少耐心；
- 有批评其他缺乏紧迫感的人的冲动；
- 通过委派责任而不是授权来保持控制；
- 指导他人时过于严厉，以至于他们不敢提问或讨论潜在的问题；
- 当他人试图限制其权力或自主权时，反应会很激烈；
- 紧迫感强烈可能会给他人带来不必要的压力。

沟通偏好

拥有领导者型人格的人的沟通偏好如表 8–1 所示。

表 8-1	拥有领导者型人格的人的沟通偏好
情形	偏好
谈话	谈话简单、直接，语气坚定、自信
会议	会议简短，直击要点，非必要不开会
电子邮件	邮件简短，职业化，言简意赅
反馈	直截了当、有操作性，并聚焦于最重要的事实
冲突	客观、及时地解决冲突

激励因素与压力因素

人们在日常工作中经历苦楚和压力或感到不满通常都可以归因于那些耗费脑力的活动。因此，重要的是要搞清楚每种人格类型的人会受到哪些活动的激励，哪些活动会让他们感受到压力。

拥有领导者型人格的人往往会受到以下活动的激励和鼓舞：

- 在十分有限的时间内完成最具挑战性的任务；

- 在重大项目中承担主要责任并具有主导权；

- 基于有限的数据快速做出决策；

- 代表他人做出决策；

- 制造并参与竞争；

- 看到可衡量的结果、里程碑和成绩；

- 为他人提供目标明确的指导，而不需要提供详细说明。

拥有领导者型人格的人往往会因以下活动感受到压力：

- 密切关注他人的需求和担忧；

- 在团队中发挥独特的支持作用；

- 以同理心应对困难；

- 促进团队合作和多方协作；

- 在他人应对挑战时，跟进并向其提供帮助；
- 花大量时间了解他人对某种变化的感受；
- 通过一致、可预测的行为与他人建立长期信任和忠诚。

适合的角色

拥有领导者型人格的人往往喜欢拥有有权威的职位。他们能够成为周围人的动力来源。他们会设定积极的步调，旨在尽可能高效地取得成绩。他们喜欢竞争，无论是与自己，还是与他人。但是，如果要求他们去做他们认为乏味或普通的事情，他们要么不屑一顾，要么将此事交由他人完成。适合他们的角色有首席执行官、高管、创始人、企业家、律师、执行经理、警官和总监等。

驱动者型人格

拥有驱动者型人格的人往往很自信，能够大胆地提出自己的意见，而且能防止他人影响自己。当说服他人为共同目标努力时，他们看起来非常果断、坚定和有说服力。

驱动者型人格位于人格图谱的左上角，如图 8-2 所示。他们可能会掌控一切，为他人设定步调。当他们想说服他人接受其观点时，他们通常是技术娴熟的谈判者和有说服力的人。

人格特质

拥有驱动者型人格的人倾向于：

- 渴望掌控一切；
- 不会受到他人的影响；
- 对意见和观点直言不讳；

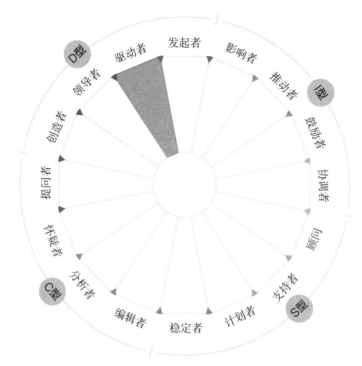

图 8-2　驱动者型人格在人格图谱上的位置

- 以速度和强度追求宏伟的目标；
- 喜欢与他人竞争或辩论。

优势与盲点

拥有驱动者型人格的人通常有以下优势：

- 做决策时迅速、独立和坚定；
- 在信息有限的情况下采取行动；
- 寻求对结果的责任、自主权和决策所有权；
- 善于用言语鼓励他人；
- 有效地委派特定任务。

拥有驱动者型人格的人通常有以下盲点：

- 表现出紧迫感可能会给他人带来不必要的压力；

- 在细节上过分强调责任；

- 试图过多地控制结果；

- 为习惯于照章办事的人提供的指导不够充分；

- 当他人试图限制其权力或自主权时，反应过于强烈；

- 一次追求太多新的想法。

沟通偏好

拥有驱动者型人格的人的沟通偏好如表 8-2 所示。

表 8-2　　　　　　　　　　拥有驱动者型人格的人的沟通偏好

情形	偏好
谈话	自信、坚定和直截了当，可能只保留最重要的部分
会议	自发举行，直击要点，而且不会持续很长时间
电子邮件	邮件简短，直击要点，没有很多细节
反馈	直截了当、有操作性，并聚焦于最重要的事实
冲突	客观、及时地解决冲突

激励因素与压力因素

拥有驱动者型人格的人往往会受到以下活动的激励和鼓舞：

- 向人们展示想法和策略；

- 指导和激励他人提高绩效；

- 在没有太多指引的情况下寻找新机会；

- 仅在必要时使用即时通信工具（如短信）沟通；

- 制造并参与竞争；

- 代表他人做出决策；

- 在时间紧迫的情况下完成重要项目；

- 在重大项目中承担主要职责或掌握所有权。

拥有驱动者型人格的人往往会因以下活动感受到压力：

- 在一个结构较稳定的环境中保持一贯性和可预测性；

- 促进团队合作和多方协作；

- 提供详细的分析和报告；

- 分析重要决策的所有方面；

- 花时间了解人们对近期变化的看法。

适合的角色

拥有驱动者型人格的人总是在不断寻找新的发展机会，他们通常会在能够快速取得成果和明显进步的环境中茁壮成长。他们可能会在竞争中脱颖而出，并对能掌控工作、成为权威最为满意。适合他们的角色有销售代表、客户经理、招聘人员、人才招聘主管、创始人、企业家、首席执行官、业务主管、销售主管和产品经理等。

发起者型人格

拥有发起者型人格的人往往能以精力充沛、积极的方式对待人和事。他们可能会享受结识新朋友的挑战，并以强大的社交技巧和说服技巧赢得这些新朋友的支持。

发起者型人格位于人格图谱上部的中间，如图 8-3 所示。人们通常认为他们更外向。有些具有发起者型人格的人可能会发现自己在与他人的互动中非常投入和专注。他们喜欢使用情感表达和展示的方式与他人清晰、生动地沟通。

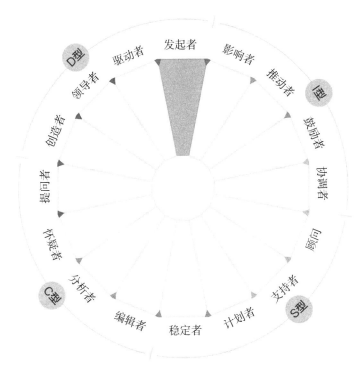

图 8-3　发起者型人格在人格图谱上的位置

人格特质

拥有发起者型人格的人倾向于：

- 为人处世热情活泼；
- 希望在各种社交场合中发挥主导作用；
- 对意见和想法直言不讳；
- 有强烈的工作热情和冒险精神；
- 用个人魅力凝聚人心，形成融洽气氛，分享观点。

优势与盲点

拥有发起者型人格的人通常有以下优势：

- 对结果负责并承担责任；
- 用言语激励来指导他人；
- 充满激情地展示未来前景；
- 快速发现新的发展机会；
- 承担必要的风险，并大胆地做出决策；
- 在信息有限的情况下做出决策；
- 为具有挑战性的问题制定新颖的解决方案。

拥有发起者型人格的人通常有以下盲点：

- 授权过多而忽略了细节；
- 对结果控制过多；
- 无法为喜欢特定工作环境的员工提供合适的环境；
- 在太多的新想法和新机会之间摇摆不定；
- 工作节奏太快可能会给他人带来压力；
- 很难遵守那些一致的、可预测结果的惯例；
- 经常对他人冷嘲热讽，可能导致沟通不畅。

沟通偏好

拥有发起者型人格的人的沟通偏好如表 8–3 所示。

表 8–3　　　　　　　　　拥有发起者型人格的人的沟通偏好

情形	偏好
谈话	保持客观，喜欢说服别人
会议	简短且自发举行，没有固定的议程

续前表

情形	偏好
电子邮件	简明扼要，只包含最重要的信息
反馈	具体的，并聚焦于最关键的点上
冲突	利用冲突来改进和找到更好的解决方案；专注于直接解决问题，并提出解决问题的方法

激励因素与压力因素

拥有发起者型人格的人往往会受到以下活动的激励和鼓舞：

- 向他人交办细节多、需要分析的工作；
- 指导和激励他人提高绩效；
- 建立各种新关系并赢得支持；
- 向他人介绍新想法；
- 在可用信息有限的情况下寻找新机遇；
- 在机遇出现时承担可预测的风险；
- 基于有限的数据快速做出决策；
- 反复权衡同时出现的多种想法；
- 对重大计划拥有主导权。

拥有发起者型人格的人往往会因以下活动感受到压力：

- 日程鲜有变化；
- 提供一对一辅导和分步指导；
- 促进团队成员之间的合作；
- 研究人们以往实现目标的经验以提高绩效；
- 通过裁员和分析将风险降至最低；
- 帮助他人制订计划；

- 有条不紊地为他人解释信息内容；
- 沟通重要决策的细节。

适合的角色

拥有发起者型人格的人通常会在那些可以追求宏大目标、快速成长并赢得同行认可的职位上实现自我成长。他们通常非常适应竞争性环境，但可能会在文化僵化、条条框框多的环境中感受到压力。适合他们的角色有记者、首席营销官、营销经理、营销总监、销售代表、客户经理、招聘人员、招聘主管、创始人和企业家等。

影响者型人格

拥有影响者型人格的人往往精力充沛、富有冒险精神，他们会使用随和的语气、大胆的陈述与他人沟通，并对大局保持关注。在与他人交谈或互动时，他们通常会持放松、轻松、随意的态度，并喜欢结识新朋友。

影响者型人格位于人格图谱右上角，如图 8-4 所示。他们通常以其社交能力、创造力和人格魅力而受到关注。他们清晰且生动的表述风格总能感染其他人，通常能够说服他们采取行动。

人格特质

拥有影响者型人格的人倾向于：

- 享受结识新朋友的挑战；
- 以充满活力和积极的方式为人处世；
- 用故事吸引他人；
- 用个人魅力凝聚人心、建立融洽的关系和分享自己的观点；
- 讨论具有一定深度的想法和未来的可能性。

图 8-4　影响者型人格在人格图谱上的位置

优势与盲点

拥有影响者型人格的人通常有以下优势：

- 相信直觉，有能力即兴发挥；

- 使用积极、热情的语言激励他人；

- 快速发现新的发展机遇；

- 通过集体讨论和公开讨论来解决问题；

- 为具体的任务委派责任；

- 为团队带来活力，并培养团队成员的冒险精神；

- 重视人际关系和人际交往；

- 对具有挑战性的问题提出新颖的解决方案。

拥有影响者型人格的人通常有以下盲点：

- 努力遵循惯例；
- 因过度乐观的预期而未能真实地评估问题；
- 一次追求太多的新理念；
- 试图掌控所有结果；
- 忽视重要项目的细节；
- 为循规蹈矩者提供一个过于灵活的工作环境；
- 无法控制与他人互动的时间。

沟通偏好

拥有影响者型人格的人的沟通偏好如表 8–4 所示。

表 8–4　　　　　　　　　　　拥有影响者型人格的人的沟通偏好

情形	偏好
谈话	语气随和但坚定，用丰富多彩的语言描述事物
会议	面对面进行，不设具体议程
电子邮件	不讲套话、简明扼要，包含重要信息
反馈	着眼于大局，并以鼓励的方式提出
冲突	富有成效和有价值的，专注于讨论问题，以找到有创意的解决方案

激励因素与压力因素

拥有影响者型人格的人往往会受到以下活动的激励和鼓舞：

- 在缺乏足够指导的情况下寻找新机会；
- 定期与一大群不同的人互动；

- 培养新关系并说服他人；

- 一次探索多种观点；

- 将分析性工作分配给他人；

- 独立思考，把事情弄清楚；

- 参加小组讨论和头脑风暴；

- 花时间了解他人的想法；

- 提出口头鼓励。

拥有影响者型人格的人往往会因以下活动感受到压力：

- 考虑关键决策的方方面面；

- 遵循常规和惯例；

- 在做出最终决策前花时间思考问题；

- 监督和维护高质量成果；

- 花大量时间研究问题的根本原因；

- 经常提出事实性、澄清性的问题；

- 提供清晰、分步骤的指导；

- 经常需要以书面形式沟通；

- 通过优化结构、裁员和分析等方式将风险降至最低。

适合的角色

拥有影响者型人格的人通常会在可以探索新事物、与他人互动，以及通过公开讨论和头脑风暴等形式来学习的环境中实现自我成长。他们非常适合引领小组讨论，并为他人描绘未来的愿景，但他们可能会在过分强调规则或制度的环境中感受到压力。适合他们的角色有首席营销官、营销经理、营销总监、销售代表、招聘人员、人才招聘主管、创始人、企业家、公共关系总监和公共关系经理等。

推动者型人格

拥有推动者型人格的人往往都很热情、开朗和外向。在与他人交谈或互动时，他们通常会很从容、轻松和随意。

推动者型人格位于人格图谱的右上角，如图 8-5 所示。他们通常很坦诚，容易接近，可能经常与他人打交道。他们中的大多数人都非常喜欢与人打交道，以至于他们常常想方设法地将与他人互动作为日常活动的一部分。

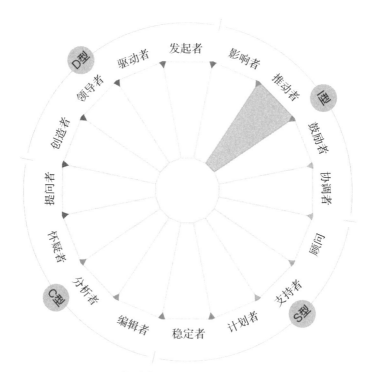

图 8-5　推动者型人格在人格图谱上的位置

人格特质

拥有推动者型人格的人倾向于：

- 喜欢与他人互动；
- 迅速注意到他人，并帮助他们愉快地融入新团队；
- 轻松建立起和谐的关系，即使是与新结识的朋友；
- 喜欢在派对中照顾他人；
- 享受结识新朋友带来的挑战。

优势与盲点

拥有推动者型人格的人通常有以下优势：

- 优先考虑人际关系、与他人互动；
- 在团队中提倡通过头脑风暴等方式来找到问题的解决方案；
- 提出大量口头鼓励来帮助他人进步；
- 以一种自发、富有情感的方式交流；
- 基于直觉快速即兴创作；
- 使用灵活的日程安排和时间管理方法；
- 懂得如何激励他人采取行动；
- 为团队带来活力和欢乐。

拥有推动者型人格的人通常有以下盲点：

- 对人或情况过于乐观；
- 花过多时间与人互动，而不是完成任务；
- 难以遵循惯例；
- 难以掌控与他人相处的时间；
- 在需要制订更多计划时相信自己的直觉；
- 无法为习惯于按部就班工作的团队成员提供系统的指导；
- 因多种新思路而分心，无法集中注意力；
- 做出可能会失去认可或看上去很糟糕的决策。

沟通偏好

拥有推动者型人格的人的沟通偏好如表 8–5 所示。

表 8–5 拥有推动者型人格的人的沟通偏好

情形	偏好
谈话	语气随和，语言幽默，常引用自己的轶事，并使用生动的语言描述往事
会议	面对面进行，不设具体议程
电子邮件	邮件的内容友好、随意和私人化
反馈	聚焦主要问题，并以鼓励的方式提出
冲突	以平衡、有目的的方式解决冲突，避免不必要或无效的争论

激励因素与压力因素

拥有推动者型人格的人往往会受到以下活动的激励和鼓舞：

- 经常与不同的人群互动；
- 参加小组讨论和头脑风暴；
- 鼓励他人或分享故事；
- 进行新的冒险，寻找存在不确定性的机会；
- 考虑他人的想法；
- 权衡同时出现的多种想法；
- 为一整天的会议留出灵活的日程安排；
- 通过独立思考来解决问题；
- 用富有感染力和表现力的语言来解释情况。

拥有推动者型人格的人往往会因以下活动感受到压力：

- 对现有数据进行全面分析以解决问题；
- 花大量时间研究问题的根本原因；

- 为其他人制定流程、规则和指导方针；
- 帮助他人变得更有条理，更有效率；
- 提出具体问题来澄清事实；
- 在做出最终决策之前花时间思考问题；
- 以书面形式作为主要的沟通方式；
- 独立完成工作，并将成果反馈给团队；
- 监督和维护高质量成果。

适合的角色

拥有推动者型人格的人通常会在可以探索新理念和新做事方法、鼓励创新，并需要始终与人保持联系的环境中实现自我成长。他们可能更喜欢需要合作的工作环境，在这种环境中，他们能够运用自己的语言能力来传达愿景并说服他人。适合他们的角色有公共关系总监、公共关系经理、创意总监、设计师、房地产经纪人、旅行代理、艺术家、音乐家和撰稿人等。

鼓励者型人格

拥有鼓励者型人格的人热情、乐观和无忧无虑。他们通常都很积极和乐观，并且很容易发现其他人身上值得欣赏的地方。

鼓励者型人格位于人格图谱右上角，如图 8-6 所示。他们发现，友好的行为总是能够赢得他人的接纳与认可。因此，当他们以这种方式与他人互动时，他们可能感觉最舒服。

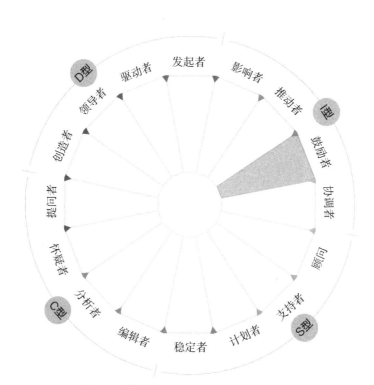

图 8-6　鼓励者型人格在人格图谱上的位置

人格特质

拥有鼓励者型人格的人倾向于：

- 给他人一种归属感和认同感；
- 乐于与他人互动；
- 外向、乐观，随遇而安；
- 避免批评和冲突；
- 帮助其他人尽快适应新团队。

优势与盲点

拥有鼓励者型人格的人通常有以下优势：

- 通过口头鼓励来帮助他人进步；
- 高度重视个人互动和人际关系；
- 即使他人有紧张情绪，也能够鼓励其采取行动；
- 乐观地评估他人的能力；
- 为团队带来正能量和温暖；
- 经常和定期沟通；
- 与同事沟通时语气轻松、友好；
- 解决问题时会征求他人的建议和想法。

拥有鼓励者型人格的人通常有以下盲点：

- 需要制订详细计划时过于依赖直觉；
- 因顾及友情或个人关系而失去客观性；
- 由于对人或情况的判断过于乐观而未能现实地评估问题；
- 过于在意他人的认可或维护自身形象；
- 因需要花太多时间与人相处而回避一些重要工作；
- 对有抵触情绪的人过于迁就或过分安抚；
- 很难遵循惯例，因为可能不够刺激；
- 使用个性化、情绪化的方式应对可能妨碍理性决策的问题。

沟通偏好

拥有鼓励者型人格的人的沟通偏好如表 8–6 所示。

表 8-6 拥有鼓励者型人格的人的沟通偏好

情形	偏好
谈话	语气友好、亲切，语言幽默，使用有表现力的手势，引用个人趣事
会议	会议应面对面进行，不设具体议程
电子邮件	邮件的内容友好、随意，不那么严肃
反馈	被详细解释，并正面提出
冲突	冲突应聚焦于寻找新的解决方案和避免损害关系的方法

激励因素与压力因素

拥有鼓励者型人格的人往往会受到以下活动的激励和鼓舞：

- 定期与他人合作，而不是单打独斗；
- 进行新的冒险，寻找存在不确定性的机会；
- 了解并解释重要决策的影响；
- 使用生动、情感丰富的轶事使讲述更有趣；
- 提供口头鼓励，讲故事；
- 教导、教练他人，并为他人提供建议；
- 用集体讨论和头脑风暴等方式讨论问题；
- 权衡多种想法。

拥有鼓励者型人格的人往往会因以下活动感受到压力：

- 为他人制定指导方针和规章制度；
- 开发更高效的流程；
- 在时间安排方面行使主导权；
- 花大量时间研究问题的根本原因；
- 指导他人时重点关注做什么、谁来做和何时完成；
- 通过对现有数据进行全面分析来解决问题；

- 独立完成工作并汇报成果；
- 管理庞大且复杂的项目。

适合的角色

拥有鼓励者型人格的人通常喜欢在有利于团队合作、和谐和积极的环境中工作，他们可以在需要建立和培养新关系的工作中实现自我成长，而且能够在集思广益时带来很多新想法。适合他们的角色有公共关系总监、公共关系经理、管理顾问、执行教练、培训师、教师、教授、财务顾问、客服总监、客服经理和合作关系总监等。

协调者型人格

拥有协调者型人格的人往往很热情、平和、易于相处。他们积极向上、乐观豁达，很可能会寻求更多的社交互动和他人的肯定。

协调者型人格位于人格图谱的最右侧，如图 8–7 所示。他们可能会以开放、信任和接纳的态度接近周围的人，但也可能在面对复杂情况时回避人际关系冲突。他们很容易给人留下一种容易了解和相处、随和但不坚定以及不自信的印象。

人格特质

拥有协调者型人格的人倾向于：

- 随遇而安；
- 为他人营造有归属感的环境；
- 乐于与他人相处；
- 轻松适应各种行事风格；
- 避免与他人发生冲突。

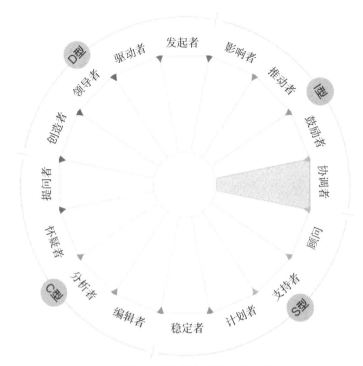

图 8-7　协调者型人格在人格图谱上的位置

优势与盲点

拥有协调者型人格的人通常有以下优势：

- 乐观地评估他人的能力；

- 以非正式的方式与人沟通，将私人谈话和正式谈话混合在一起进行；

- 经常与他人沟通，以使对方了解情况；

- 从个人或情感的角度解决问题；

- 对同事友好、热情；

- 让人们参与关于如何做事的讨论；

- 做决策时考虑对他人的影响；

- 在尝试应对挑战时听取他人的建议。

拥有协调者型人格的人通常有以下盲点：

- 容易对善辩之人让步；
- 推迟做出可能对他人产生负面影响的决策；
- 与他人交往过密，而无法对其做出客观评价；
- 在考虑重大问题时往往过于乐观；
- 做出一些可能失去支持和看起来很糟糕的决策；
- 在与不友善或有攻击性的人沟通时表现出不耐烦；
- 减少负面反馈，使他人很难了解问题在哪里；
- 调整甚至重做工作，而不是直面有敌意的人。

沟通偏好

拥有协调者型人格的人的沟通偏好如表 8–7 所示。

表 8–7　　　　　　　　　拥有协调者型人格的人的沟通偏好

情形	偏好
谈话	表达自己的真情实感，尝试关注他人当下的感受，即使他人所说的大多数都是积极的内容
会议	面对面进行，营造轻松的氛围
电子邮件	邮件的内容友好、随意，不那么严肃
反馈	被详细解释，并以鼓励的方式提出
冲突	耐心细致、周到地处理冲突，以避免伤害关系

激励因素与压力因素

拥有协调者型人格的人往往会受到以下活动的激励和鼓舞：

- 与他人合作，而不是单打独斗；

- 在困难的情况下为他人提供建议和指导；

- 使自己能够满足他人的个人和情感需求；

- 用婉转和自然开放的态度解决问题；

- 参加小组讨论或头脑风暴；

- 清晰地表述决策的影响；

- 向经验更丰富的同事请教如何解决问题。

拥有协调者型人格的人往往会因以下活动感受到压力：

- 指导他人遵守规章制度和流程；

- 以谨慎、公事公办的方式与他人互动；

- 密切监督和衡量结果；

- 寻找使流程更高效的方法；

- 向他人提供有关如何提高绩效的重要反馈；

- 纠正他人并向其展示如何以正确的方式做事；

- 监控项目的时间表，并确保项目严格按照流程执行；

- 管理庞大且复杂的项目。

适合的角色

拥有协调者型人格的人通常会在每天都有机会与很多不同的人互动、有机会推进事情发展的环境中实现自我成长。他们喜欢在和平、友善、合作多于竞争的环境中工作。适合他们的角色有咨询师、调解员、培训师、教师、职业顾问、财务顾问、社区组织者、客服总监、客户支持代表和合作关系总监等。

顾问型人格

拥有顾问型人格的人通常性情平和，容易被认可。他们富有同情心，经常真诚地帮助他人。

顾问型人格位于人格图谱的右下方，如图 8-8 所示。他们在倾听他人讲话时总是表现出关心和理解。他们的平易近人营造出一种温暖的氛围，这种氛围会鼓励他人表达他们的感受，而不必担心尴尬或被拒绝。

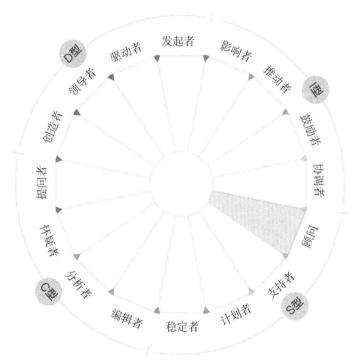

图 8-8　顾问型人格在人格图谱上的位置

人格特质

拥有顾问型人格的人倾向于：

- 表达对他人的关心、理解；

- 帮助和支持他人实现他们的目标；

- 适应各种复杂环境；

- 减少与他人的冲突；

- 轻松适应他人的风格。

优势与盲点

拥有顾问型人格的人通常有以下优势：

- 在激励他人时宣传团队合作的好处；

- 帮助处境艰难的人保持冷静；

- 通过提供可预测性和奖励忠诚来建立信任关系；

- 解决问题时请他人分享经验；

- 用婉转的方式谨慎地解决他人之间的冲突。

拥有顾问型人格的人通常有以下盲点：

- 必要时不够坚定和果断；

- 与强势的人打交道时感到不舒服；

- 难以摆脱情绪困扰并重拾自我；

- 在管理那些抵制严格监督的人时表现出不悦；

- 对批评性反馈做出情绪化而不是客观的反应。

沟通偏好

拥有顾问型人格的人的沟通偏好如表 8-8 所示。

表 8-8　　　　　　　　　　　　拥有顾问型人格的人的沟通偏好

情形	偏好
谈话	语气友好、温和、愉快，尝试与对方建立个人关系，而不急于进入正式讨论
会议	面对面进行，并准备好议程
电子邮件	邮件的内容友好、真诚、富有表现力
反馈	被详细解释，并带着同理心提出
冲突	以婉转方式处理冲突，请各方发表意见和听取对方意见

激励因素与压力因素

拥有顾问型人格的人往往会受到以下活动的激励和鼓舞：

- 通过一致、可预测的行为建立长期互信和忠诚；
- 询问他人对即将发生的变化的感受；
- 在他人面临挑战时提供建议；
- 关注他人的需求和顾虑；
- 以婉转、开诚布公的方式解决问题。

拥有顾问型人格的人往往会因以下活动感受到压力：

- 过于直接、直率的沟通；
- 做决策时需要同时考虑诸多因素；
- 基于有限的数据快速做出决策；
- 使用强迫的方式指导和帮助他人；
- 批判性地质疑现行做法和现有程序；
- 对进程和时间表承担主要责任。

适合的角色

拥有顾问型人格的人通常喜欢安静、友好的环境，在这种环境中，他们能够花时间与他人合作，并更多地了解他人。他们能够在合作和和谐的氛围中实现自我成长，非常适合那些既能经常当面赞扬他人，又能得到他人肯定的角色，如教师、教授、财务顾问、客服经理、合作关系总监、人力资源经理、治疗师、咨询师、行政助理和客户经理等。

支持者型人格

拥有支持者型人格的人在与他人交往时通常比较冷静、有耐心，并尊重他人。他们很少生气或情绪激动，会努力维持一个和平、和谐的氛围。

支持者型人格位于人格图谱的右下侧，如图 8-9 所示。他们在回应他人的需求时通常会表现出体贴和诚恳。他们会考虑和尊重他人的想法和感受，能够在困难和压力大的情况下与他人产生共鸣。

人格特质

拥有支持者型人格的人倾向于：

- 耐心倾听他人的需求；
- 与他人合作时考虑周到；
- 在与强势或有敌意的人交往时感觉不舒服；
- 回避竞争过于激烈的环境；
- 喜欢服从值得信任的领导者的指挥。

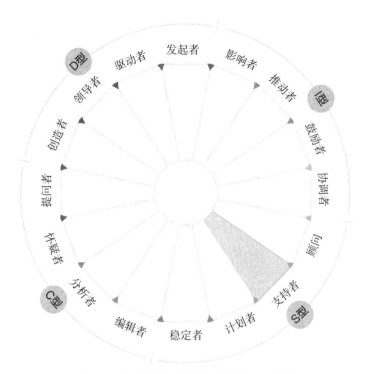

图 8-9　支持者型人格在人格图谱上的位置

优势与盲点

拥有支持者型人格的人通常有以下优势：

- 随时对需要帮助的人施以援手；
- 耐心、富有同情心地回答问题；
- 定期征求反馈；
- 关注其他人的需求和顾虑。

拥有支持者型人格的人通常有以下盲点：

- 传达负面信息时不够直接；
- 在需要果断时犹豫不决；

- 回避冲突，不给可能需要反馈的人反馈；
- 拖延做出涉及人际冲突的决策。

沟通偏好

拥有支持者型人格的人的沟通偏好如表 8-9 所示。

表 8-9　　　　　　　　　　　拥有支持者型人格的人的沟通偏好

情形	偏好
谈话	语气平静、愉快和温暖，充分考虑对方感受，以提问方式了解对方可能的顾虑或想法
会议	事先准备好议程，面对面进行
电子邮件	邮件的内容友好、真诚、富有表现力
反馈	被详细解释，并带着同理心提出
冲突	冲突应被谨慎处理，因为它可能升级并导致伤害感情

激励因素与压力因素

拥有支持者型人格的人往往会受到以下活动的激励和鼓舞：

- 定期征求反馈；
- 在团队中扮演配角，不抛头露面；
- 用同理心和同情心应对困难的局面；
- 促进团队合作和各方之间的合作；
- 倾听他人的问题，经深思熟虑后回答。

拥有支持者型人格的人往往会因以下活动感受到压力：

- 经常在时间紧迫的情况下工作；
- 在没有太多团队成员参与的情况下代表他们做出决策；

- 根据主要目标分配任务，缺乏具体的指导；

- 与他人竞争；

- 抛头露面或成为关注重点。

适合的角色

　　拥有支持者型人格的人通常会在能够关注他人需求、建立长期信任，并需要大量日常互动的岗位上实现自我成长。他们喜欢可预测的、安静的、合作的工作环境。当他们能够为未来制订计划，并在大部分时间里坚持执行计划时，他们的工作效率可能最高。适合他们的角色有人力资源经理、人力资源总监、治疗师、咨询师、行政助理、客户服务专员、医生助理、儿科医生、护士、实习护士和牙科保健医生等。

计划者型人格

　　大部分拥有计划者型人格的人都是性情平和、平易近人的。在与他人的互动中，他们的行为通常是可预测且一致的，并且他们希望对方也能这样做。

　　计划者型人格位于人格图谱的右下侧，如图 8-10 所示。他们可能比大多数人更注重细节，与他人进行面对面交谈时更感惬意。为了保持一个和谐的氛围，他们会避免与他人发生冲突。他们有时可能会犹豫是否要坚持自己的要求。

人格特质

　　拥有计划者型人格的人倾向于：

- 与他人合作共事；

- 追随值得信任的领导者；

- 谦逊、不爱出风头，不喜欢炫耀成绩；

- 尽量满足他人的需求，不愿发生冲突；
- 寻求可预测性和一致性。

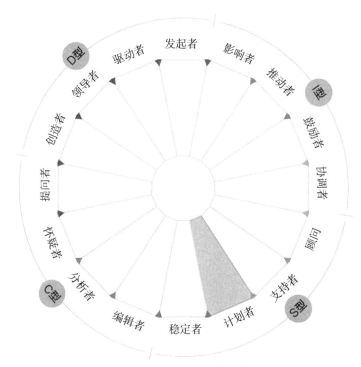

图 8-10　计划者型人格在人格图谱上的位置

优势与盲点

拥有计划者型人格的人通常有以下优势：

- 谨慎做出决策；
- 条理性强，注重细节；
- 使用经证明有效的低风险解决方案；
- 尽可能使用结构化的方法来培养他人。

拥有计划者型人格的人通常有以下盲点：

- 非必要时不公开潜在冲突；
- 延迟做出风险可能很高的决策；
- 对尝试未经测试的解决方案犹豫不决；
- 在做出决策前花太多时间分析信息。

沟通偏好

拥有计划者型人格的人的沟通偏好如表 8–10 所示。

表 8–10　　　　　　　　　拥有计划者型人格的人的沟通偏好

情形	偏好
谈话	面对面讨论重大问题，提出大量问题，并留出足够的时间来了解对方的感受
会议	事先准备好具体议程，面对面进行
电子邮件	邮件的内容友好、真诚的，有合适的格式
反馈	详细，并提供建议
冲突	谨慎、讲求策略地处理冲突，因为他们更喜欢轻松而不是匆忙地进行艰难的对话

激励因素与压力因素

拥有计划者型人格的人往往会受到以下活动的激励和鼓舞：

- 得到一致的反馈；
- 制定日常工作流程；
- 为他人收集、整理和分析信息；
- 对某个重要决策的各个方面进行介绍和分析。

拥有计划者型人格的人往往会因以下活动感受到压力：

- 向一群人阐述自己的想法和策略；

- 指导和推动他人提高绩效；
- 在没有任何指导的情况下寻找新机会；
- 在多种思路之间做出抉择；
- 独立思考，将事情弄清楚。

适合的角色

拥有计划者型人格的人可以最有效地发现决策的风险和潜在后果、为他人制定时间表和提供支持信息。他们擅长用平稳、变通的方式管理变革，以确保所有人达成共识。适合他们的角色有研究总监、研究人员、药剂师、软件质量分析师、会计、科学家、服务技师、风险管理人员和医生助理等。

稳定者型人格

拥有稳定者型人格的人性情平和、行为保守，他们在做决策时通常很谨慎。在与他人互动时，他们的行为通常是可预测且一致的，而且他们希望对方也能这样做。

稳定者型人格位于人格图谱的中下部，如图 8-11 所示。他们通常很快会认可和适应他人的观点，而不愿冒险产生分歧。他们在工作中领悟力极强，重视细节，一丝不苟。在社交方面，他们可以很容易地适应各种行事风格，在任何情况下都能与人和谐相处。

人格特质

拥有稳定者型人格的人倾向于：

- 为他人提供支持和指导；
- 让他人感到轻松；

- 欣赏一致性和可预测性；
- 包容他人，而不是冒险与人发生冲突；
- 与团队稳定合作。

图 8-11　稳定者型人格在人格图谱上位置

优势与盲点

拥有稳定者型人格的人通常有以下优势：

- 向他人展示如何循序渐进地工作；
- 使用可预测的日程和既定的时间表；
- 按照具体的计划开展工作；
- 在分配工作时提供具体、详细的信息。

拥有稳定者型人格的人通常有以下盲点：

- 不愿做高风险决策；
- 对那些未经实践检验却可能有效的解决方案犹豫不决；
- 将具有重大影响的决策工作推给上级或要求暂缓做出决策；
- 必要时不够坚决和果断。

沟通偏好

拥有稳定者型人格的人的沟通偏好如表 8-11 所示。

表 8-11　　　　　　　　拥有稳定者型人格的人的沟通偏好

情形	偏好
谈话	采用冷静、深思熟虑的方式，通过大量提问让对方畅所欲言
会议	正式安排，有事先准备好的议程
电子邮件	邮件的内容是真诚的，有合理的格式
反馈	详细，并提供建议
冲突	用来解决重要的问题，但也应非常谨慎地应对

激励因素与压力因素

拥有稳定者型人格的人往往会受到以下活动的激励和鼓舞：

- 提供一对一或循序渐进的指导；
- 主要以书面形式沟通；
- 研究他人实现目标的经验，以提高绩效；
- 通过周密安排、裁员和分析等方法将风险降至最低；
- 提供具体、详细的信息和报告；
- 帮助他人制订计划。

拥有稳定者型人格的人往往会因以下活动感受到压力：

- 安排他人做分析性工作；
- 在无法预测的情况下承担较大的风险；
- 基于有限的信息快速做出决策；
- 经常收到大量的批评性反馈；
- 主导重大项目并承担主要责任。

适合的角色

拥有稳定者型人格的人通常可以在每天都有机会与很多人打交道并推进项目的工作中实现自我成长。他们更喜欢合作多于竞争、更具合作精神的环境。适合他们的角色有文案编辑、研究人员、药剂师、软件测试工程师、律师助理、会计、科学家、服务技师和风险管理人员等。

编辑者型人格

拥有编辑者型人格的人往往更内敛，他们喜欢独处，喜欢在有组织的互动而不是非正式的互动中与他人进行工作方面的联系，所以他们可能不太愿意加入随机的小组对话。

编辑者型人格位于人格图谱的左下侧，如图 8–12 所示。他们严肃且理性，喜欢参加逻辑性较强的辩论活动，喜欢与思维缜密、条理性强的人打交道。他们习惯先思考后表态，而且遣词造句都很准确。

图 8-12　编辑者型人格在人格图谱上的位置

人格特质

拥有编辑者型人格的人倾向于：

- 拥有个性化、独立的生活观；
- 对他人的虚伪、不真诚或傲慢比较敏感；
- 欣赏他人的指导；
- 决策不掺杂情绪；
- 在工作中认真、严格，有时比较追求完美。

优势与盲点

拥有编辑者型人格的人通常有以下优势：

- 通过分析来解决问题；

- 做决策时要考虑多方面因素；

- 做决策前收集信息和评估风险；

- 向他人展示如何一步一步地做事；

- 通过频繁提问来确保工作质量。

拥有编辑者型人格的人通常有以下盲点：

- 当合作更有效时，反而花更多的时间独自工作；

- 不愿尝试尚未经实践证明有效的新解决方案；

- 做决策前花太多时间来分析信息；

- 用复杂的方法解决简单问题；

- 将做出具有重大影响的决策的工作推给上级或要求暂缓做出决策；

- 期望他人也像自己一样有条理、注重细节。

沟通偏好

拥有编辑者型人格的人的沟通偏好如表 8–12 所示。

表 8–12　　　　　　　　　拥有编辑者型人格的人的沟通偏好

情形	偏好
谈话	未经慎重考虑绝不会轻易表态，用准确的语言表达自己的想法，不冷嘲热讽
会议	尽量简短、正式，有事先准备好的议程
电子邮件	邮件内容是清晰、真诚、带有说明性的
反馈	经过深思熟虑，详细且逻辑性强
冲突	理性解决，以便发现真相，并找到潜在问题

激励因素与压力因素

拥有编辑者型人格的人往往会受到以下活动的激励和鼓舞：

- 仔细考虑某项重要决策的各个方面；
- 在做出最终决策之前花时间仔细考虑问题；
- 检查并维护高质量的成果；
- 研究他人以前实现目标的方法，以提高绩效；
- 经常提出与事实有关且清晰的问题。

拥有编辑者型人格的人往往会因以下活动感受到压力：

- 经常与一大群人互动；
- 独立思考，将事情弄清楚；
- 参加小组讨论和头脑风暴；
- 讨论抽象而不是具体的概念；
- 口头鼓励和讲故事。

适合的角色

当拥有编辑者型人格的人能够不断地提高专业技能和积累专业知识时，他们最有满足感和成就感，工作也会更高效。他们重视稳定感和安全感，非常适合以过程为导向的工作和角色，这能使他们更精准、更细致地工作。适合他们的角色有职业医疗技术人员、空中交通管理员、软件测试工程师、数据库管理员、会计、科学家、数据科学家、金融分析师和系统管理员等。

分析者型人格

拥有分析者型人格的人往往是客观、多疑的，他们的行为很有逻辑。他们都很务实，解决问题时善于使用分析法，并以事实驱动。他们在团体中可能沉默寡言，可能需要很长时间才能与他人建立信任。

　　分析者型人格位于人格图谱的左下侧，如图 8-13 所示。他们的生活态度比较严肃，更喜欢独自行动，更注重保护他们的个人隐私。他们更专注于独立、深入地思考，一般不容易受到外界的影响。

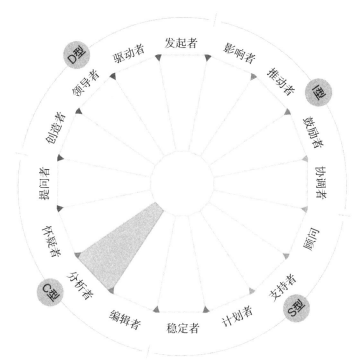

图 8-13　分析者型人格在人格谱图上的位置

人格特质

拥有分析者型人格的人倾向于：

- 喜欢独处和单独行动；
- 做客观而不是情绪化的决策；

- 以怀疑或务实的态度评估人或事;

- 对他人缺乏诚意较为敏感;

- 在工作中严肃、认真。

优势与盲点

拥有分析者型人格的人通常有以下优势:

- 在做决策之前花时间考虑相关问题;

- 布置任务时提供明确的流程;

- 解决问题时使用成熟、有条理的方法;

- 擅长分析大量信息;

- 以书面形式安排工作,并要求以书面形式反馈。

拥有分析者型人格的人通常有以下盲点:

- 寻求完美而不是可行的解决方案;

- 做决策前花费大量时间收集信息和评估风险;

- 拒绝或抵制那些缺乏条理性的人;

- 批评做事不符合质量和准确性要求的人;

- 当他人需要更多自主权时过于频繁地询问;

- 用过于复杂的方法解决简单问题。

沟通偏好

拥有分析者型人格的人的沟通偏好如表 8–13 所示。

表 8–13　　　　　　　　　　拥有分析者型人格的人的沟通偏好

情形	偏好
谈话	态度严肃，公事公办，问一些客观的问题，以便更准确地了解对方的想法
会议	尽量简短、正式，有事先准备好的议程
电子邮件	邮件内容是清晰、详细和真实的
反馈	具体、详细且逻辑性强的
冲突	客观看待冲突，有效地找到潜在问题

激励因素与压力因素

拥有分析者型人格的人往往会受到以下活动的激励和鼓舞：

- 通过全面分析现有数据来解决问题；
- 探究问题的根本原因；
- 为他人制定程序、规则和指导方针；
- 帮助他人在流程中变得更有条理、更有效率；
- 独立完成工作，并将成绩归功于集体。

拥有分析者型人格的人经常会因以下活动感受到压力：

- 对一些奇思妙想而不是清晰的想法采用头脑风暴法；
- 花时间去了解他人的想法；
- 为全天会议灵活地安排日程；
- 用富有感情和表现力的语言来解释问题。

适合的角色

拥有分析者型人格的人通常会在能够有足够的时间的条件下，精准且尽可能高质量地完成工作的岗位上实现自我成长。他们更喜欢独当一面，而不是与他人合作。他们通常喜欢管理规范、流程清晰的工作环境。适合他们的角色有软件工程师、机械工程师、化学工程师、精算师、投资分析人员、软件开发人员、数据科学家、金融分析师、系统管理员和工程总监等。

怀疑者型人格

拥有怀疑者型人格的人行为举止严谨，思维更有逻辑性。他们喜欢做有思想的、独立的工作。与人交往时，他们喜欢保持一定的距离。

怀疑者型人格位于人格图谱的左下方，如图 8-14 所示。他们通常会严格掌控自己的日程安排，并掌握自主权。当人们或公司在没有数据支持的情况下提出大胆的主张时，他们很可能会持怀疑态度。他们高度重视效率、精确性和逻辑性。

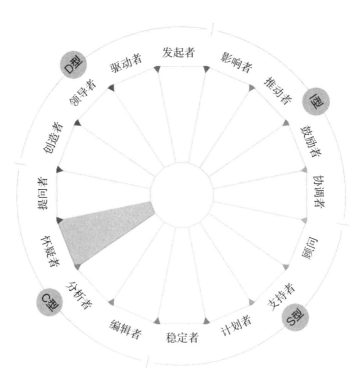

图 8-14　怀疑者型人格在人格图谱上的位置

人格特质

拥有怀疑者型人格的人倾向于：

- 寻求私人空间、隐私和自主权；
- 回避大型的集体活动；
- 以独立、超脱的方式与人交往；
- 与他人建立信任关系和分享个人信息的速度比大部分人都慢；
- 做决策时不会感情用事。

优势与盲点

拥有怀疑者型人格的人通常有以下优势：

- 坦率、客观，立足于现实；
- 通过分析解决问题；
- 对结果负责；
- 专注于需要做什么、由谁做和何时做；
- 通过明确的能力要求和绩效评价方法来培养他人。

拥有怀疑者型人格的人通常有以下盲点：

- 对未能达到质量和准确性标准的人持批评态度；
- 用过于复杂的方法解决简单问题；
- 不愿闲聊，这样做虽节省了时间，但失去了从聊天中获益的机会；
- 当合作更有效时，却花时间独自工作；
- 当他人试图限制其权力和自主权时反应过激。

沟通偏好

拥有怀疑者型人格的人的沟通偏好如表 8-14 所示。

表 8-14　　　　　　　　　　拥有怀疑者型人格的人的沟通偏好

情形	偏好
谈话	语言直接、真实、不带感情色彩，给出简单、真实而不是丰富、带有修饰性的描述
会议	简短、正式，有事先准备好的议程
电子邮件	邮件内容是清晰、详细和真实的
反馈	具体、详细且有逻辑的
冲突	聚焦于解决具体、潜在的问题，并找到切实可行的解决方法

激励因素与压力因素

拥有怀疑者型人格的人往往会受到以下活动的激励和鼓舞：

- 为他人制定特定的策略和规则；
- 开发更有效的流程；
- 对自己的工作拥有主导权；
- 指导他人时聚焦于需要做什么、由谁做和何时做；
- 管理庞大且复杂的系统。

拥有怀疑者型人格的人往往会因以下活动感受到压力：

- 以牺牲独立性为代价，定期与他人合作；
- 追求理论层面的机会；
- 理解和解释重大组织决策的影响；
- 教导、教练他人，并提供建议；
- 在他人处理情绪问题时表现出同情。

适合的角色

拥有怀疑者型人格的人通常会在能够通过独立工作来发现潜在问题并提高工作效率的岗位上实现自我成长。在工作时，他们很有条理，更讲求准确性和严谨性，因此他们更喜欢正式、管理规范的工作环境，在这种环境中，他们能找到提高自己能力的机会。适合他们的角色有项目经理、建筑师、销售运营经理、首席技术官、投资分析师、软件开发人员、软件工程师、数据科学家、金融分析师、系统管理员和工程总监等。

提问者型人格

拥有提问者型人格的人在决策时往往会尽量排除感情因素，重视逻辑性和效率而不是直觉或社会认同。在与他人互动时，他们比较保守，并且喜欢与人保持一定的距离，慢慢建立信任。

提问者型人格位于人格图谱的左侧中间，如图 8–15 所示。他们通常会优先考虑个人空间、隐私和自主权。他们实事求是，为人处世很少感情用事，这使他们能够与他人保持舒适的距离，在做决策时更少掺杂情感。

人格特质

拥有提问者型人格的人倾向于：

- 说话客观、重事实；
- 有目标、有重点地行动；
- 追求目标，而不是花过多时间与他人交往；
- 积极地克服不利因素和面对竞争；
- 遇到挫折时有耐心。

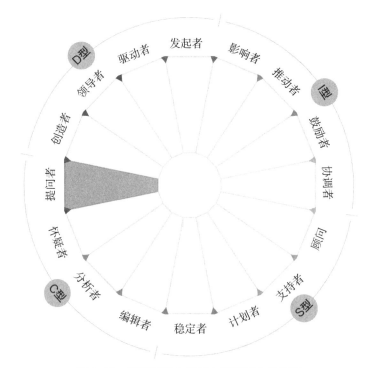

图 8-15　提问者型人格在人格图谱上的位置

优势与盲点

拥有提问者型人格的人通常有以下优势:

- 与他人交往时保持谨慎、公事公办的态度;

- 制定能提高绩效和保证质量的有效策略;

- 向他人展示如何按照逻辑顺序做事;

- 用清晰、准确和理性的方式指导他人;

- 处理错综复杂的问题,并将它们搞清楚。

拥有提问者型人格的人通常有以下盲点:

- 密切监控结果,让人有时刻被监督的感觉;

- 与他人交往时显得冷漠、超然或心不在焉；
- 当绩效未达到标准时表现出沮丧；
- 对未能达到质量和准确性标准的人持批评态度；
- 沟通过于简短、机械化；
- 快速、果断地做出改变，可能会干扰其他人的工作。

沟通偏好

拥有提问者型人格的人的沟通偏好如表 8–15 所示。

表 8–15　　　　　　　　　拥有提问者型人格的人的沟通偏好

情形	偏好
谈话	行为举止克制、直接、不带感情，避免提出对方无法支持的主张
会议	简短、正式，有事先准备好的议程
电子邮件	邮件内容是清晰、详细和真实的
反馈	直接的，能直击重点，而且逻辑性强
冲突	以合乎逻辑、不带感情色彩、有把握的方式处理冲突

激励因素与压力因素

拥有提问者型人格的人往往会受到以下活动的激励和鼓舞：

- 指导他人遵守规则和程序；
- 与他人互动时采用保守、公事公办的方式；
- 关注问题的主要原因，而不是表面现象；
- 向他人提供关于如何提高绩效的反馈；
- 向他人展示如何以正确的方式做事；
- 严格按照时间表完成计划。

拥有提问者型人格的人往往会因以下活动感受到压力：

- 了解他人的个人和情感需求；
- 经常与团队成员沟通，以确保步调一致；
- 在感情问题上畅所欲言；
- 以友好、随意的语气沟通；
- 向更有经验的同事请教如何做事。

适合的角色

拥有提问者型人格的人通常可以在能让他们高效工作，并在消耗和干扰最少的情况下取得成绩的职位上实现自我成长。他们十分适合在有更多自主性，并注重准确性、逻辑性和实用主义的环境中工作。适合他们的角色有项目经理、建筑师、销售运营经理、首席技术官、财务总监、首席财务官、商务策划师、合规经理和合规官等。

创造者型人格

拥有创造者型人格的人往往比大多数人更严谨，而且他们在生活中更自律。他们意志坚定、独立，通常喜欢走自己的路，自主安排他们的日程，而不是与他人合作。

创造者型人格位于人格图谱的左上侧，如图 8-16 所示。他们往往更认真，更有可能将时间和精力花在与他人正式、有目的的互动而不是社交活动上。他们格外看重结果，喜欢控制那些可能影响他们实现目标的能力的事情，并在实现目标的过程中竭力排除各种干扰。

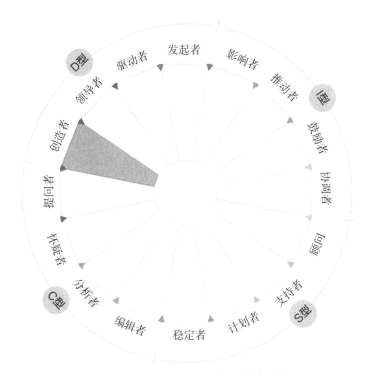

图 8-16　创造者型人格在人格图谱上的位置

人格特质

拥有创造者型人格的人倾向于：

- 寻求控制其所处的环境；
- 将更多的工作时间用于获得结果而不是建立关系上；
- 勤奋、坚定地追求自己的目标；
- 主动而不是被动地对反对意见做出反应；
- 对自己和他人的表现有较高的期望。

优势与盲点

拥有创造者型人格的人通常有以下优势：

- 关注结果和现实的预期；
- 保持高效，并不断提高绩效；
- 找出帮助他人进步的具体方法；
- 用清晰、合乎逻辑和现实的思维方式看待周围事物；
- 仔细思考被视为有高风险的决策；
- 沟通时直截了当，用事实说话，语言精准；
- 对结果负责。

拥有创造者型人格的人通常有以下盲点：

- 在提供指示时过于强硬，缺乏灵活性；
- 在没有明确理由的情况下仓促改变计划；
- 采用目标导向的方法，可能会忽略某些重要细节；
- 用强硬、直接的语气来处理冲突，可能会让一些人感到不舒服；
- 不顾及他人情绪，快速提出批评性反馈。

沟通偏好

拥有创造者型人格的人的沟通偏好如表 8–16 所示。

表 8–16　　　　　　　　　　拥有创造者型人格的人的沟通偏好

情形	偏好
谈话	非常直接、自信，围绕主题，直指问题而不是闲谈
会议	简短，非必要时不开会
电子邮件	邮件内容简明扼要、正式、真实
反馈	直接，直击重点，而且聚焦于结果
冲突	以一种直截了当、合乎逻辑的方式处理冲突

激励因素与压力因素

拥有创造者型人格的人往往会受到以下活动的激励和鼓舞：

- 快速的反馈，明确的沟通；
- 做决策前考虑多种因素；
- 密切监督结果；
- 基于有限的数据快速做出决策；
- 用强有力的方式指导和培养他人；
- 对现有的方法和流程持批评态度。

拥有创造者型人格的人往往会因以下活动感受到压力：

- 与他人频繁见面或通话；
- 看他人花很多时间完成任务；
- 用婉转的方式提出批评意见；
- 在做出重大调整前确保他人心态平和；
- 揭示情绪或潜在动机；
- 以开放的心态进行合作和头脑风暴；
- 经常口头鼓励他人。

适合的角色

拥有创造者型人格的人在不断学习的过程中感觉最舒适，也最有效率。他们重视稳定性和安全感，并且非常适合过程导向的工作环境和职位，这更有助于他们准确和精确地工作。适合他们的角色有产品经理、运营经理、运营总监、首席运营官、律师、项目经理、设计师、销售运营经理和财务总监等。

如何利用你的性格优势

到目前为止，你应该对你的行为最符合哪种人格类型有了一个清晰的认识。如果你在阅读以上内容时笑（或者哭）出声了，没关系，我们很多人都是这样的。这是一种有趣的体验。然而，当你真正认识到你的行为如何适应某种真实的、可观察到的模型时，才能认识到本书的价值所在。

在接下来的章节中，你不仅将要学习如何识别自己的人格类型及其特点，而且还将学习：

- 如何发挥你的优势和有效地消除你的盲点；
- 如何与他人合作，从而建立起一种互利互惠的伙伴关系；
- 如何调整你的沟通方式，并在应对各种困境时做到收放自如；
- 如何为你的个人成长做出更好的决策，并让你的整个职业生涯和周围的所有人受益。

第 9 章

我是如何解雇（又再次雇用）自己的

2018 年初，在公司成立三年后，工作压力使我心力交瘁，几乎到了崩溃的边缘。

如果你曾经在一家刚成立的公司工作过，你就会很熟悉那种疯狂的节奏。每位员工都同时承担着三到四个角色，每天都必须应对新的危机，一切都存在不确定性。在一家初创公司中，每个月感觉就像一年，尤其是在一个高增长、有风险的环境中。这是一个苦差事，并不是人人都承受得了，但我很享受。

从上高中开始，我就一直处于这种高强度的环境中。在这种环境中，你有时需要付出很多辛苦、不断地遭受挫折才能取得一点点进步。我曾挨家挨户地推销比萨饼；身着奶牛装带客户看房；为了消灭臭虫，我整整一个夏天都在波士顿的一栋又一栋公寓里不停地忙碌着。

但在我们公司工作倒不像其他工作那样是苦差事，我真心喜欢我们的公司和那些与我们共同度过那段时光的人。我们的使命是一个我已经奉献了我整个职业生涯的使命，也是我愿意为之熬很多很多个夜的使命。我们的产品很棒，市场也在增长，而且还将有很多值得高兴的事情发生。

但我还是精疲力竭了。这不是身体上的问题，而是心理上的问题。我不愿意走进办公室，不愿意见到任何人，不愿意推销任何产品，也不愿意开发任何新产品。

在一次又一次撞了南墙后，我甚至不愿意再去面对这家我一手创建的公司。我感到自己仿佛陷入了一个无休止的循环：思考同样的问题，使用同样的思维模式来想出解决方案，结果却再次遇到同样的问题。我不禁自问：我是否真的想让这家公司获得成功？这让我很害怕。

幸运的是，我的一位生意伙伴将我从这种奇怪的循环中拉了出来。

当格雷格刚刚成为公司总裁和首席运营官时，他的第一个任务就是"治好"我。他敏锐地意识到我个人的"崩溃"是公司面临的最大风险之一。因此，正如人们希望那些拥有创造者（Dc）型人格的人所做的，他需要对公司的首席执行官进行"手术"。是的，这真的很重要。

确定压力、效率低下和崩溃的原因

首先，格雷格需要确定和了解公司和我本人现在具备的以下"症状"：

- 无力跟进并坚持完成主要计划；
- 有很多新的想法和计划，但缺少执行它们的人；
- 流程效率低下，团队职责不明确；
- 发展因通道受阻而停滞。

格雷格和我都是 DISC 的践行者，我们可以看到一个清晰的模式。我是一个拥有影响者型人格的人，我们看到公司中 I 型文化盛行，而没有足够的 C 型文化来平衡的结果。盲点不受控制地发展成了巨大的黑洞。

然后，我们写出了我做过的每一项工作。这里的"工作"指的是那些在每个月中占用我大量时间的工作，如表 9-1 所示。通常情况下，这些工作是任何一家大公司中一位全职员工的工作。

表 9-1	德鲁在 Crystal 公司的工作
工作内容	在德鲁总工作时间中的占比
直接销售（会议、电话、电子邮件）	20%
管理（人力资源、财务、法务等）	10%
销售和营销管理	10%
客户支持	10%
团队管理	10%
产品管理	10%
产品设计和内容	10%
产品战略	5%
营销战略	5%
公司战略	5%
公共关系（投资者关系、媒体等）	5%

如果这些工作看起来很多，那是因为确实如此。现在，我希望告诉你的是，我是那种能同时完成所有这些工作的"超人"，但实际上，我已经心力交瘁。我把精力分散到太多工作上了，我什么都想做，却又什么都做得不够好。仅是维持公司的正常运转就已经让我精疲力竭了。

随着我们越来越深入地研究这些问题，我们认识还有这比精力分散更糟糕的事情。

尝试当英雄的隐性代价

这不仅是工作量大的问题，而且还有工作内容多样的问题。每个工作日，我都需要在不同角色之间转换，一会儿是精力充沛的销售人员，一会儿是坚定的掌舵人，一会儿又是数据分析奇才。我们在人格图谱上用圆点对每项工作进行了标注，这些圆点可以反映出这些工作与我的人格类型的关系，如图 9-1 所示。

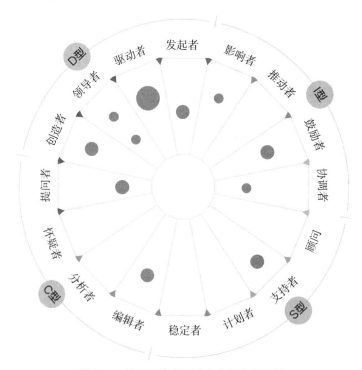

图 9-1　显示了德鲁所有角色的人格图谱

你可以从图 9-1 看出，尽管我的角色位于"影响者"区域，但我经常还会出现在"分析者（C）""创造者（Dc）"和"稳定者（SC）"区域。就精力成本而言，这是一种快速消耗大量精力的方式。

我远离我的"本位"、与我们的工程团队一起奋战和"救火"的时间越多，我专注于自己真正喜欢的工作的时间就越少，而这些恰好就是我在足够专注时实际上可以做得更好的工作，如产品设计、内容撰写、创建原型等。

这不是什么高难度的事情，只是一下子知道这一切令人震惊。如何让我恢复正常状态的答案就摆在我们眼前。

格雷格参照我的点又画了一张人格图谱（如图 9-2 所示），并对我说："这些工作才是你应该做的，其他工作都应该交给他人去做。"

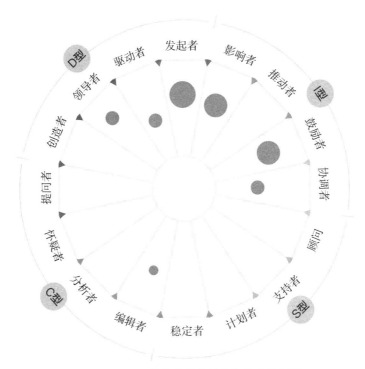

图 9–2　显示了德鲁应该有的角色的人格图谱

如果我能将大部分时间都用于做我能力范围内的事，而放弃做那些超出我能力范围的事，我可能就可以摆脱崩溃了。我的目标是尽最大努力发挥我的优势（那些让我比大多数人都有优势的特质），并管理我的盲点（那些让我比大多数人效率低的特质）。

尽最大努力发挥优势

一旦我们了解了导致人格差异的一些潜在原因，我们就能像看待汽车一样看待我们的思维方式。我们可以驾驶任何一辆运转正常的汽车，并且驾驶它去任何地方，但每辆汽车都是为不同的目的而设计的。有些汽车是为了以最优速度在平坦笔直的高速公路上行驶而设计的，有些是为了越野而设计的，有些是为了提高燃油效率而设计的，还有一些是作为牵引动力而设计的。

为了彻底解决我的崩溃问题，我需要开始以更好的方式驾驶我的车，使其更符合它的设计初衷。例如，作为一个拥有影响者型人格的人，我很自然地会：

- 开始与新人对话；
- 在需要我独立思考的情况下随机应变；
- 向人们介绍新想法和新朋友；
- 在没有太多条条框框或流程的情况下开发新的解决方案和策略；
- 跨多学科工作，培养新技能。

管理盲点

然而，在我的日常工作中，我在我的盲点上花费了大量的精力和时间，其中包括：

- 以一种有效的方式将责任委派给团队；
- 制定让其他人遵循的规则和流程；
- 帮助员工有条理地按时完成任务；
- 考虑所有与变革有关的实际和潜在风险。

在这些方面，我需要花费大量的精力才能达到一般水平，所以大部分时间，我要么表现平平，要么效率低下。更糟糕的是，我在盲点上花费的时间和精力其实占用了我本可以发挥优势的时间和精力。好钢没能用在刀刃上。这不是我想要的管理公司和我的职业生涯的方式。

做好自己能力范围内的事情

对我而言，幸运的是，大部分让我很头疼的工作实际上都是格雷格特别擅长的。他用《每季评论》（*Quarterly Review*）杂志来装点他的办公桌，将碎纸机当作他的宠物，他从来没有遇到过他不喜欢的 Trello[①] 面板。这样一来，我不擅长的一些工作都可以直接交给他，其他一些工作则可以分配给团队中那些更合适的人。

最后，我们为我应该如何分配我的时间设定了目标，如表 9–2 所示。

表 9–2　　　　　　　　　　　　调整后的德鲁的工作清单

工作	时间占比
产品战略	30%
产品设计和内容	20%
营销战略	20%
直接销售（会议、电话、电子邮件）	10%
公司战略	10%
公共关系（投资者关系、媒体等）	5%
管理（人力资源、财务、法务等）	5%
客户支持	0%
销售和营销管理	0%
团队管理	0%
产品管理	0%

在这个目标的指导下，我对自己的日程做了大幅调整，明确了我该做和不该做的事。我不必再像过去那样公司里无论什么活急需人手，我都立即冲上去了。

在将大量涉及项目进度控制、管理和组织的工作转给格雷格后，我潜心于战略规划、产品设计和对外沟通等方面的工作，我的日程从之前参加那种固定且程式化的会议、会见变成了不间断、持续的产出。我将自己的灵感和激情倾注于每天必须处理的每一件事，绝不轻易留尾巴，同时，我还将更多时间用于与客户进

---

① Trello 是一款任务管理工具。——译者注

行深度沟通，并始终聚焦公司的长期发展。

一年后，公司的各项业务有声有色、全面开花。

乘数效应

自从我放下那些有些超出我能力范围的工作，并刻意专注于创意性工作后，我个人的工作效率大幅提高，更重要的是我能充满活力并满怀憧憬地带领公司发展。

格雷格也经历了这种乘数效应。他擅长做管理和流程导向的工作，他可以花时间去指导他人、设定完成期限和组织任务。这些工作对格雷格而言可谓轻车熟路。当制定出一项好策略时，他可以像一台机器一样执行它。

此外，我们还在整个公司内推广了这个方法。我们希望每位员工都能将大部分时间用于需要最低精力成本的工作上。这听上去只是个常识性问题，但令人惊讶的是，我们委派的很多任务都是不合适的。这种精力导向的思维方式可以让我们将每位成员安排到最有可能实现成长的职位上，而使团队更有效率地工作。

结果显而易见。除了对自己的工作感觉更好以外，我们每个人的工作效率的提高也对公司收入的快速增长、产品的创新和利润的大幅增长产生了直接影响。

通过这次看似微不足道的尝试，我们利用人格数据将"点球成金"思维应用于我们公司，目前我们正从中受益。当我们有了更具体的方法时，所有这些就成了常态。当人们可以用大部分时间去做他们能力范围之内的事情时，他们就能保持精力充沛，不断成长。

更让我们兴奋的是，我们可以将这种思维方式融入我们的产品，并帮助其他团队受益。

3

人格 AI 如何工作

了解驱动人格革命的技术

Predicting Personality

第 10 章

为什么软技能最难掌握

沟通、建立关系和领导力通常被称为软技能，但它们往往是最难掌握的。而在我们高度关联的现代经济中，它们往往是获得权力、影响力和财富的先决条件。

从事销售、营销、招聘、管理和其他与人打交道的工作的专业人士都知道沟通对他们个人的成功有多重要。当你需要靠你与他人建立信任、有效谈判、化解冲突和影响他人的能力来赚钱时，你一定会特别重视自己的说话和写作风格。虽然对外沟通和联络的工作可能很辛苦，但如果你能弄清楚如何驱动他人采取行动，并对此有较为准确的预判，那么这些工作也可以很有价值。有时，一次成功的沟通能够弥补数百次甚至数千次拒绝所带来的损失。

因此，在全球化、高度互联的知识经济中打拼的数以百万计的职业沟通者都在追求同样的东西——成功的沟通。然而，正是因为有如此多的人渴望进行成功的沟通，我们也面临着一些真正的挑战。

在过去的 20 多年里，在互联网的帮助下，人们比以往任何时候都更容易结交新朋友。社交网络让世界变得更小、更透明。有了网络，你我瞬间就近在咫尺。

在销售领域，社交销售（即通过社交媒体渠道与潜在客户建立联系并建立客户关系）已成为一种标准做法。此外，业务开发已成为一个技术驱动的过程，一种尽可能使对外联络自动化，以提高销售代表工作效率的新平台已经出现。

招聘行业也经历了类似的转变。人力资源公司和公司内部的人事部门寻求尽快接触到更多的候选人才。在人才招聘软件平台的帮助下，最具竞争优势的候选人才通常会通过他们的社交资料获得跳槽的机会。

这也是公司内部的新常态。随着领导者越来越依赖电子邮件和消息平台进行内部沟通，他们在吸引员工注意力方面面临着同样激烈的竞争。有这么多的信息或信息垃圾，真正有价值的信息比以往任何时候都更容易在混乱中被忽略。

技术如何创造了沟通方面的挑战

虽然电子信息服务范围的爆炸式扩展已经带来了实实在在的好处（电子邮件和社交媒体目前仍是我们不可或缺的工具），但它也给专业沟通者带来了一个严重的经济问题：我们的沟通成本几乎降到了零。

当沟通变得如此廉价时，对关注的需求就开始呈指数级增长。由于注意力的供给大体上保持不变，你的注意力会变得更有价值。

作为一个消费者，我是需要我关注的卖方市场中的一员，我可以持怀疑态度。在我获得一个与我非常相关的信息之前，我会简单地忽略大多数信息。

广告、销售、招聘和媒体都是由注意力驱动的行业，而这种新模式已经颠覆了这些行业。过去，音量最高的扩音器能够覆盖其他声音，并征服赢家通吃的市场来获得关注，但现在已经不一样了，这些行业中处于领先地位的公司和个人拥有最重要的信息，他们能够有效地利用这些信息在每次互动中增加他们的价值。

想一想，奈飞（Netflix）公司是如何通过个性化的点播式观看体验来颠覆电影发行市场的？亚马逊（Amazon）公司是如何通过坚持不懈地为客户提供他们想要的东西来继续开拓新市场的？谷歌公司和 Facebook 是如何以前所未有的高效方式投放目标精准的广告来获得超高的市场占有率的？

在一个高度互联、高度怀疑的世界中，赢家是那些比任何人都更了解受众的组织和个人。总之，他们有共情的能力。

技术如何解决沟通面临的挑战

如今，机器学习和可分析数据的爆发式增长让我们可以分析人们的思维和行为方式，也让我们可以更好地了解我们的客户、同事和熟人。这种新的沟通方式被称为人格 AI。借助技术赋能的共情，人们可以在比以往任何时候都复杂和缺乏信任的世界中增进信任、建立关系，并赢得更多商机。

目前，人格 AI 处于以下三种正在融合的趋势的交汇点。

- 人格心理学不仅得到了广泛的应用，而且在科学有效性方面也取得了显著的进步。个人和企业都在运用人格模型来相互了解，以获得更好的结果。
- 社交网络迅速发展，我们可以发布各种信息，我们的朋友、同事和熟人可以通过这些信息了解我们。
- 机器学习已经发展到了一个关键点，即计算机不仅能够经济、高效地分析大量数据和识别趋势，而且能够对未来的结果做出令人信服的预测。

2015 年，我们公司首次将人格 AI 推向了市场。从那时起，我们见证了技术和应用的巨大进步，因为早期使用者已经使用我们的产品处理了数百万封电子邮件，应对了数百万次的会议和电话，并取得了出人意料的效果。他们经常将其称为"魔法"。

史蒂芬·柯维（Stephen Covey）在其所著的《高效能人士的七个习惯》(*The 7 Habits of Highly Effective People*)一书中提出了一个原则："知己知彼。"这个原则与人类一样古老，但当你将它与现代世界的新技术和数据集结合起来时，就会产生不可思议的结果。人际关系是神秘的，但当你与某人一拍即合时，你就知道为什么神秘了。

在接下来的几章中，我们将解释人格 AI 如何帮助你更多地与他人一拍即合，尤其是当你以沟通为生的时候。你将了解到它带来的各种可能性、它是如何发挥作用的，以及如何利用它来发展你的事业。我们仍处于这个新兴市场的早期阶段，早期采用者可能会获得先发优势和最大优势。

我们的社会鼓励人们在他们的注意力周围建起一道数字围墙，日复一日地撞上它可能会让人们精疲力竭。这正是现代沟通方式给人的感觉，但还有另一种解决办法。我们的使命是利用数据、技术和人类古老的智慧帮助人们通过共情打通这堵围墙，更成功地与他人建立联系。

可以肯定的是，通过准确、快速地了解对方的性格，我们可以构建起一个更相互信任、更富有成效、更有意义的未来。

第 11 章

AI 技术如何影响你

无处不在的 AI

AI 现在似乎无处不在，这是有原因的。我们每天都在产生海量的数据，如我们搜索的内容、在哪里驾车、吃的什么、想看什么以及日常活动中的其他选择。很多企业已经找到了有效的、有创意的方法来充分利用这些数据造福我们。

近几年，随着创新者利用技术制造出了功能强大的消费产品，AI 实现了爆炸式增长。或许最著名的就是 AI 助手了，如苹果公司的 Siri 和亚马逊公司的 Alexa。尽管这些产品上市后还存在一些隐私问题和其他小问题，但全球数百万人已经在日常生活中体验到了它们的魅力。这些 AI 助手正在改变我们处理日常事务的方式，如查看天气预报、播放音乐、设置提醒甚至是学习讲笑话。

除了 AI 助手，AI 机器人也成了商业领域的新宠。微软公司的 Azure 所提供的服务可以使企业构建强大、智能化的 AI 机器人，通过在线聊天与客户互动，从而使客户体验更流畅。此外，HubSpot、Drift 等初创公司也提供类似的服务，任何规模的公司无须编写任何代码，就可以在其网站上启动聊天机器人。这些 AI 机器人可以帮助人们识别潜在客户、预订产品样品，并最终帮助人们达到目的。

虽然语音助手和机器人可能是你最常看到的 AI 应用，但这项技术也在以更隐蔽而不是更直接的方式影响着我们的生活。推荐引擎就是一个很好的例子。作为这个领域的行业领导者，亚马逊公司会根据用户的购买历史、浏览习惯和偏好等信息，为每位用户提供个性化的商品推荐。奈飞公司和 Spotify 分别拥有先进的视频和音乐搜索引擎，这些引擎可以帮助我们找到我们可能喜欢的影片和音乐。

AI 的这些应用仅仅是开始。这项技术在医疗、国防和金融等关键领域也具有巨大的潜力。在 2018 年世界经济论坛（World Economic Forum，WEF）上，Salesforce 公司董事长兼首席执行官马克·贝尼奥夫（Marc Benioff）将 AI 称为一种"新人权"，他认为拥有 AI 的人将更聪明、更健康、更富有，而没有人工智能的人将更软弱无力、更贫穷、受教育程度更低、更不健康。

用于沟通的 AI

有一类新的 AI 可以帮助人们更好地沟通。具有代表性的一款产品是 Salesforce 公司推出的 Einstein，它又被称为"适合所有人的 AI"，它提供了强大的 AI 工具，可以帮助企业了解客户关系管理过程中客户沟通的情绪和意图。Cogito 等公司通过使用情感 AI（Emotional AI）为呼叫中心提供工具。当客户支持代表与客户通话时，这项技术能为他们提供关于情感以及其他方面的提示，帮助他们提供更个性化、更令人满意的服务。

在这类新的、为沟通服务的 AI 应用中，人格 AI 是一个快速增长的细分领域。IBM 公司的 Watson 通过文本样本分析来帮助企业确定客户的性格，推动了这一领域的发展。Crystal 绘制了数百万个与人格相关的数据点，并在文本样本分析中使用它们来确定客户、潜在客户和员工的性格。

目前，在所有可用的 AI 应用中，人格 AI 可能是最以人为中心的。人们的行为通常是不可预测的，人际关系也是复杂的，所以我们需要大量数据才能找到模式，并应用足够准确且有用的模型。接下来，我们将详细讨论使人格 AI 成为可能的一些基本概念和技术，以及在不久的将来，它将如何迅速成长为一种更强大的力量。

关于 AI 的基本常识

在我们详细探讨如何了解客户以及与他们进行个性化沟通之前，我们需要了解一些关于 AI 的基本常识。

AI，人工智能的简称，经常出现在会议室、会客室和技术会议上。我们可以把很多时髦的词语都扔进这个"大篮子"，如大数据、机器学习、自然语言处理、语音识别和预测分析等。一些能力不济的首席技术官经常在幻灯片演示中使用该词，以掩盖遗漏的一些细节。

根据我们的需要，我们借用安德里亚斯·卡普兰（Andreas Kaplan）为 AI 给出的定义：

> AI 是正确地解读外部数据、从这些数据中学习，以及使用所学来实现特定目标和完成特定任务的系统的能力。

AI 的应用很广泛。它支持 Facebook 的照片标签面部识别、特斯拉的自动驾驶系统、奈飞的内容推荐引擎，以及数千种已经在影响你生活的其他产品。人格 AI 则是一种针对性很强的技术，可以用来了解特定的人可能会如何行动、沟通和对外部力量做出反应等。

我们一直将人格图谱作为我们的行动指南，以结构化的方式理解行为，并信心满满地驾驭各种关系。人格 AI 是人格图谱的 GPS 系统，这就像使用谷歌地图（而不是纸质地图）来游览一座城市。

为什么人格 AI 具有革命性

人格 AI 能够洞察人的行为，而不需要进行传统的人格评估，这就为与他人的沟通和互动打开了一个全新的世界，例如：

- 促进人们在初次见面时表现出自信和坦诚；
- 帮助专业人士根据收件人的喜好写电子邮件；
- 了解两个人一起工作时可能经历的关系动态；
- 使人们的角色和任务与他们的个性相匹配。

只有在数据、机器学习和现代人格理论的融合下，这种技术才可能实现。随着它不断发展并进入新行业，它有能力使各种互动更加个性化和有效。

人格算法

为了了解人格 AI 是如何工作的，我们将它视为一台做决策的机器。对每个决策而言，我们都有一组输入的方法、一种评价这些输入的方法，以及一个产生预期输出的流程。

假设你第一次光顾一家餐馆，现在轮到你点餐了，你会怎样决定呢？

你肯定不会随意点餐，而会根据许多不同的信息做出选择，例如：

- 你之前爱吃什么？不爱吃什么？
- 你之前对哪些食物过敏？
- 你的朋友有什么推荐？
- 现在是几点？
- 你昨晚吃了什么？
- 你现在有多饿？

你的大脑（原始的 AI）会下意识地处理所有这些信息，并且选择一份最有可能成功的菜单。你甚至可能不知道你是如何进行这些计算的，也不知道哪些变量起了作用，但计算确实发生了，你也得到了答案。

AI 就是这样工作的。不同的是，它可以分析成千上万乃至数百万数据，并应用于任何类型的问题，无论你的个人经验如何。只要你拥有足够多的数据，并且具备足够的计算能力来分析它们，你就可以借助 AI 做出预测。

当然，AI 不是解决世界上所有疑难问题的灵丹妙药，它有很多风险和不确定性，而且经常受到导致人类做出错误决策的偏见的影响。事实上，许多关于人类行为的古老真理也适用于人工智能，如"无用输入，无用输出"（garbage in, garbage out）。

然而，一旦使用得当，AI 就可以成为一种非常强大的工具，你可以使用它对不确定的事情进行预测和估算。具体来说，人格 AI 旨在尽可能准确地理解一个人的典型行为模式，并利用这些信息来帮助你更有效地与他们沟通。

人格 AI 接受多种类型的输入，如问卷回复、文本样本、人口统计数据和实地观察等，并输出关于人格的详细解释，如图 11-1 所示。这些解释既可以是对你的行为的描述，也可以是为与他人互动提出的建议（不管你是否已经认识他们）。

图 11-1　人格 AI 接受文本样本等输入，并输出人格详解

对大多数人而言，人格 AI 的价值体现在输出上，这些输出通常以个性化建议的形式出现，帮助人们在特定情况下做出反应。例如，Crystal 等工具提供了关于"如何更好地与他人沟通""是什么激励了这个人""如何写邮件"的见解，以帮助人们了解与其共事的人，以及更有效地与这些人沟通。有了这些见解，他们可以让人格 AI 成为他们日常开会、打电话和写电子邮件时的得力帮手。

然而，你在阅读本书时可能对这些见解是如何产生的心存好奇。了解人格 AI 的工作原理能够帮助你了解人格理论、数据科学和机器学习的一些基本概念。在接下来的几章中，我们将进行深入探讨，并告诉你如何使用人格 AI 才能对你的事业发展最有利。

尽管 Crystal 公司和其他公司近年来率先使用了这项技术，但它仍处于应用的早期阶段。如果你了解它的工作原理和使用方法，那么当你的大多数同行和竞争对手仍依靠观星来航行时，你已经在使用 GPS 来航行了。

第 12 章

揭开人格 AI 的神秘面纱

人们在人格 AI 出现之前的盲目行动

由于人格画像包含了关于一个人的行事风格、爱好、动机、优势和盲点等重要信息，因此它对于一对一的交流非常有用。这些特质是真实的，有助于人们建立起强大的联系。

但这里也存在一个问题：根据以往的经验，只有以下几种方法可以准确地了解一个人的性格：

- 亲自花较长时间去了解他；
- 向很多认识他的人询问，并找出共同点；
- 请他完成性格测试，并让你查看结果。

但那数十亿你不认识的人呢？

由于评估本身的限制，大多数人根本无法获得这些数据。在你有限的时间里，你只能遇见那么多人；在一家资源有限的公司里，你只能让这么多参与者参与研究。

因此，人格评估目前通常仅用于人力资源、管理咨询和培训等领域。你能获得的人格画像的数量取决于参与者的数量，因为每个人都要拿出宝贵的时间来准确地回答问题。在最吸引人、最富有成效、最能激发对话的人格评估和沟通培训课程结束之后，大部分参与者往往都会带着"这很有趣"的感觉离开并继续各忙各的，而没有机会应用他们的所学。

许多专业人士，如从事销售、营销、招聘和其他重视沟通的工作的人，他们每天都在花很多时间与陌生人交谈。他们的目标通常是说服这些陌生人采取一些有意义的行动，如花钱购买一个新产品或者跳槽、尝试一些新工作等。这是一项艰难的工作，而且越来越艰难。

大多数沟通专业人士在与潜在客户或客户互动时都是盲目的。在最初的一些电子邮件、会议或电话中，最重要的是要给对方留下良好的印象。遗憾的是，他们此时掌握的信息是最少的。信息的鸿沟导致了共情的鸿沟。

如果你在与他人互动之前掌握了更多的信息，你就可以使每次互动都更有效，你是用数据而不是直觉驱动互动，这正是人格革命产生最直接影响的地方。

人格 AI 的魅力

自从开发出了 Crystal 这款产品的第一个原型，我在参加各种晚宴时就有了很多话题。例如，"你是做什么工作的？""我成立了一家名为 Crystal 的软件公司。""这款软件有什么用途？""这是一款能告诉你任何人的性格的应用程序。""什么？它是怎样做到的？"

那时，我通常会提出，如果对方愿意，我们会当场给出他的人格画像，并请他当场看一看结果。在超过 80% 的情况下，Crystal 会给出关于他们的沟通风格、动机和行为的极其准确的见解。然后，他们提出希望我们找到其配偶、老板或前任的人格画像，而当他们看到结果时往往会惊掉下巴（特别是当他们看到了关系导向的见解时）。

对我们而言，Crystal 的粉丝越来越多确实带给我们不少乐趣，但当人们看到更多的画像后，大多数人只会问更多的问题。例如，它为什么会这么准？ Crystal 的数据从何而来？ 这与占星术有什么区别？ 我可以自己使用它吗？ 谁能看到这些画像？

你现在可能也有其中一些问题。虽然本书并不是一本技术指南，但我认为在开始将人格 AI 用于工作之前，了解一些关于人格 AI 的基本知识是很有必要的。在本章中，我们将介绍这项技术的特定目标、局限性以及它是如何与时俱进的。一旦你对此有了一定的了解，你就能更好地了解如何正确地使用它，并对它未来的发展趋势做出预判。

本章介绍的很多概念也适用于 AI 的其他领域，你通常可以用同样的思维模式处理不同的问题。人格 AI 是 AI 技术中一个涉及范围不大，却很有影响力的用例。当看到这项技术的潜在用户规模如此之大，而且它可以改善现实生活中的人际关系时，我们感到很高兴。

准确性与便利性

人格 AI 的目标是尽可能准确地识别人们的行为方式，这通常可以用一种人格类型或一组特定的人格特质表示。掌握这些信息可以为促进更有效的沟通、建立更牢固的关系和制定更优的决策提供动力。

我们希望尽可能准确地突出过程，而不希望仅仅是方便、快速地识别人格类型。我们的首要目标是准确性，然后才是商业收益。

在某些情况下，我们可能无法找到最准确的方法，因此需要在准确性和便利性之间进行权衡。便利可能意味着更快地获得人格画像、用更少的数据生成它或者不需要其他人直接参与。

识别人格类型的三种主要方法是评估法、文本样本分析法和属性分析法。如前所述，每种方法都有其优势和缺陷，如表 12–1 所示。

表 12–1　　　　　　　　　　识别人格类型的三种主要方法

方法	优势	缺陷
评估法	• 准确度高 • 知名度和接受度高	• 耗时 • 容易受人操控，容易受偏见影响 • 需要识别对象参与
文本样本分析法	• 可靠的准确度 • 个体分析方便、快捷 • 不需要识别对象参与	• 需要来自识别对象的足够多的文本样本 • 容易受到有意修改其写作风格的人的影响
属性分析法	• 对大规模群体进行分析的唯一的可拓展方法 • 在数据有限的情况下进行预测 • 不需要识别对象的参与	• 准确性只能达到一般水平，特别是在属性信息数量有限的情况下 • 需要结构化的数据集

评估法

传统的问卷式评估仍然是最可靠和最准确的人格测量方法。因此，只要有可能，我们就应该尽量使用这种方法，特别是在以下三种情况下：

- 你正在使用数据做出可能对一个人的职业生涯、人际关系或生活方式产生较大影响的重要决策；
- 你正在使用数据来支持一段长期关系，而不是一次谈话；
- 此人有时间并愿意填写问卷。

一旦一个人在 Crystal 这样的平台上完成了人格评估，他就可以将其人格画像提供给任何需要的人。一份经过验证的、可靠的评估结果可被视为了解人们人格原型的黄金标准，除非有更多的证据证明并非如此。

人格评估的工作原理

如果你在职业生涯中参加过不少问卷形式的人格评估，你也许已经注意到，这些问卷的结构可能各不相同。有些只有一些简单的选择题，有些要求你对一系列词语进行分类或排序，还有一些要求你对一组不同的行为评分，来说明这些行为与你的行为的相似程度。

无论采用何种机制，这些评估都旨在完成同一件事，即从一组标准化的答案中准确识别出一种人格类型。有效的评估是以一组来自随机的、具有统计意义的人群的反应为基础进行的。数据分析人员可以在模型上绘制响应图，并查看它们倾向于聚集在哪里（通常关于相似的行为类型），然后创建一个标签来识别每个行为集群。这个标签就是"人格类型"，人们可以通过新的评估、相同评估的新版本以及现实世界的行为来测试它。

不同的人格评估对行为和人格特质的衡量是不同的。例如，大五人格评估将报告受访者的五个人格特质（开放性、责任感、外倾性、宜人性和神经质）中的每一个在总人口中所占的百分比（90% 的责任感意味着你比 90% 的人更有责任感）。而 DISC 通常报告一种行为模式，这种行为模式可以在图表上实现可视化（非常高 D、高 I、低 S 和非常低 C），并缩略为一个标签（Di）。

Crystal 采用强制词语评估检测 DISC 文件，并将结果绘制在一个圆盘形状的图表上，分为 16 种人格类型。评估要求受访者分别从 14 组（每组 4 个）词中选择"最像我"和"最不像我"的词。完成后，每个人都有一个点，代表他每个选择的平均位置，这个点所在的区域说明他最可能是哪种人格类型。有了这种简短的问卷，评估的准确度始终可以保持在 95% 以上。

评估法存在的问题

虽然评估法是识别人格类型最准确和最一致的方法之一，但它容易受到偏见的影响，这会影响它的有效性。最常见的偏差是社会期望偏差。

在评估结果中，人格类型通常都是中性的，也就是说，没有哪一种人格类型比另一种更好，而且人格评估也没有"正确"答案。当一个人有意或无意地以其自认为更受欢迎的方式，而不是真实反映他的行为的方式做出反应时，社会期望偏差就会发挥作用。

发生这种情况有以下原因。

- 他们可能认为雇主正在寻找具有特定人格类型的人来做某项工作。
- 他们可能认为某些反应比其他反应更好。例如，"友善""雄心勃勃""注重细节"等通常被认为是好的，尽管这与不同的人格类型有关。
- 某些行为可能与其他文化所没有的某些行为有很强的文化联系。例如，"直截了当"在美国企业文化中可能有积极意义，但在日本企业文化中则不然。

在大多数情况下，社会期望是一种无意的偏差，任何自我评估中都可能出现这种偏差。在开发 Crystal 的人格评估程序时，我们需要不断验证这些问题，努力发现反应中的偏差，并将结果标准化（如将结果调整为正常的"钟形曲线"分布）。

例如，我们的第一个评估曾将"有攻击性的"（aggressive）一词列为其中一个问题的选项，用户需要选择最适合描述他们的词以及最不适合描述他们的词。

以下是一组选项：

- 组织有序的；
- 有攻击性的；
- 积极的；
- 合作。

这种问卷通常被称为必选式问卷。由于我们采用 DISC 作为基础，因此每个回答都与一种特定的 DISC 类型相对应。在理想情况下，25% 的人会根据他们的主要的 DISC 类型选择每个选项。

当然，现实生活从来没有理论那样简单，所以评估需要提出很多问题，不断收集答案，直到它揭示出一种模式。有很多因素和偏差会影响任何特定的选择，因此评估需要通过不断提出新的问题来发现这些偏差。关于刚才提到的那个问题，在几千人参加了评估后，我们看到了社会期望偏差非常突出，显著地影响了整体评估结果。

这个版本的评估希望 D 型选择"有攻击性的"（因为这最像他们），S 型选择"有攻击性的"（因为这最不像他们），预计 I 型和 C 型的分布大体均匀。

然而，数据显示，每种类型都选择了"有攻击性的"，因为这最不像他们。虽然从技术上讲，这是与 D 型相关的行为，但事实证明，没有人喜欢认为自己是有攻击性的，至少在有其他选项时是这样的。这可能与这个词的负面文化含义和社会内涵有关。虽然我们有时认为"有攻击性的"具有积极的意义（如当篮球运动员连过数名防守球员并投篮得分时），但它所具有的更消极的意义（如在操场上不停地纠缠孩子的校园恶霸）会使我们的情绪失控。结果，这个词在评估中几乎毫无意义，只会使大多数结果与 D 型的结果南辕北辙。

回过头来看，我们可能已经预测到在使用"有攻击性的"一词时将看到的社会期望偏差，并在发布第一个版本之前修改了评估。然而，这些偏差并不总是显而易见的。以下是另一个仅凭直觉很难发现的例子。

上述人格评估中有一个问题包括以下一组选项：

- 谨慎的；
- 精力充沛的；
- 有趣的；
- 有满足感的。

我们原本预计拥有 D（编辑者、分析者、怀疑者和提问者）型人格的受访者会选择"谨慎的"作为他们的一个主要特征。然而，在数千次评估之后，结果却大相径庭。

事实上，拥有 C 型人格的人因最不像他们而选择"谨慎的"的次数比因最像他们而选择"谨慎的"的次数多。这与我们最初的假设完全相悖。

拥有 S 型人格的人（咨询师、支持者、计划者、稳定者）比其他人更频繁地选择了"谨慎的"。为什么会出现这种情况呢？我们虽然只能猜测，但非常确定的是，拥有 S 型人格的人与自我报告的谨慎有偏差，而且我们可以利用这些信息来调整我们的评估，并更准确地发现拥有 S 型人格的人。

除了个人的反应之外，社会期望偏差会影响评估的整体结果。要避免这类偏差，就需要对评估在整体层面进行调整，而不是逐个问题调整。在 Crystal 评估的案例中，我们的响应数据不断地揭示了职务、国家和行业中的不同趋势。这些很有用，我们将在本章后面详细介绍它们如何帮助人们进行人格预测。

然而，当我们将所有响应数据作为一个整体进行分析时发现，一般受访者总是分布在人格图谱的右侧。换句话说，人们回答问题的方式让他们看起来更像是 I 型或 S 型。这不能归因于个体问题，而更应归因于一种将自己视为友好的、善良的人的文化偏差。

当这些偏差非常严重时（如在被贴上"有攻击性的"的标签的情况下），有时候需要放弃或者替换全部问题；当偏差较小时（如"谨慎的"或 I 型 /S 型倾向），评估结果可以被标准化。当然，这只有在有数千甚至数万个回应后才有可能实现。评估需要经过实战测试、验证和调整，以应对偏差。

在我们进一步详细介绍这些内容之前，请先了解以下三点：

- 人格评估容易受到无意识的社会偏差的影响，这些偏差可能会使结果扭曲，尤其是当它们完全依靠受访者来描述自己时；
- 人格评估的回应并不总是直观的，而且它们可能不会以你所期望的方式与人格类型相匹配；
- 你应该只相信那些用标准化的、经过验证的结果来解释偏差的人格评估。

评估法的局限性

问卷式人格评估有时候是不可行的，对大多数对外联系的场景（如以下三种场景）而言就是如此：

- 你不认识对方，或他们无法完成人格评估；
- 你仅将数据用于短期目的，如发送电子邮件或电话交谈；
- 你没有以对他人有重大影响的方式使用数据，如分配工作或团队任务等。

在这种情况下，人格 AI 可以帮助我们进行人格预测，而不需要其他人完成评估。通过使用机器学习和我们可用的个人数据，人格 AI 发现了两种全新的方法来改善我们的沟通和关系。

文本样本分析法

识别人格的第一种非评估方法是文本样本分析法。这种技术使用自然语言处理和机器学习，通过分析人们创作的非结构化文本样本来确定他们的人格类型。

文本有多种来源，如社交媒体资料、人物介绍和文章、简历、电子邮件和短信以及网站评论。

有了足够多的文本样本，训练有素的机器学习算法能够以惊人的准确率预测人们的人格类型（Crystal 的准确率一直在 80% 以上）。对那些希望在客户联络中使用人格数据的人而言，这种分析提供了一个可靠的选择。

文本样本分析的工作原理

文本样本分析包括很多应用，如语音 – 文本转换、情感分析等。在人格 AI 中，我们曾专门使用它来发现编写文本样本的人的人格类型。

虽然它可能会变得很复杂，但在最基本的层面上，我们可以用看待人格评估的方式来看待任何文本样本。人们写的每个词都是他们为表达一个想法而特别挑选的，就像他们在人格评估中选择的选项一样。由于文本样本是非结构化的，因此我们需要比评估反应更多的书面词语来发现趋势，但趋势仍然存在。

通过文本样本识别人格类型最直接的方法是进行语法特征分析（n-gram analysis）。在计算机科学中，"语法"（gram）是我们可以在一个文本块中计算的一系列项目，它可以是字母、单词、标点符号、词组或更多。在我们的例子中，我们使用的是一个、两个和三个单词的组——分别称为一元语法（unigrams）、二元语法（bigrams）和三元语法（trigrams）。

当你拥有一个包含数千（或数百万）个文本样本的训练集以及有效的人格评估时，你就可以发现不同人格类型的人的写作风格和写作内容的差异。当你使用更结构化的样本集（如简历和社交媒体资料）时尤其如此。

"客户"或"管理一个团队"等语法并不能显示任何有意义的模式。每种人格类型的人大致会相同或随机地使用它们，因此你很少能够从任何给定的文本样本中获得作者信息。然而，其他语法与人格有很强的相关性，可以让你掌握足够多的作者信息。以下是 Crystal 的数据中的一些值得注意的例子。

- "投资收益"与 D 型高度相关。
- "非常简单的"与 I 型高度相关。
- "周例会"与 S 型高度相关。
- "连续评估"与 C 型高度相关。

一个人几乎可以选择编写无数个语法，因此要了解每个语法所揭示的人格特质的精确数量是不可能的。然而，我们并不需要通过了解每个词语的影响来获得非常有把握的人格预测，我们需要做的仅仅是获得统计意义上的一个足够大的语法样本（最理想的是在很多不同的句子和语境中），以开始观察模式。这些模式可以应用于人格 AI 算法，以便从未来的样本中更快、更准确地测出人格类型。

文本样本分析存在的问题

与评估法一样，文本样本分析也容易受到偏差的影响。此外，其自身还存在一些缺陷。

一个主要问题是身份。当你对一个文本样本进行分析时，如果你能验证它是由你认为的作者写的，那就最好。否则，你可能正在识别另一个人的人格，甚至对方可能是内容生成机器人，这可能会影响结果。

即使你找到了正确的作者，他的写作方式也未必能反映他的真实人格。在很多情况下，社会期望偏差会影响我们展示自己的方式，尤其是在职场或公众场合中。我可能试图在领英的个人资料中将自己塑造成一个认真、有影响力、精力充沛的"领导者（D）"，而实际上我是一个友好且乐于助人的"顾问（Si）"。人格AI 可能会选错类型。

准确性取决于有大量准确的、可验证的数据可供分析。在某些情况下，我们只是没有足够的信息，而不得不另辟蹊径去寻找关于人格的其他线索。

属性分析法

最后一种方法是属性分析法。这种方法通过分析关于一个人的更结构化的数据，而不是他写的文本样本，来进行人格预测。这些属性包括：

- 过去和现在的职位；
- 过去和现在的雇主；
- 从事过的行业；
- 居住过的地方；
- 就读过的学校；
- 兴趣；
- 过去撰写或发表的文章。

需要注意的是，为了做出准确的预测，上述这些数据都不能单独使用。试想，篮球爱好者、技术人员或曾在 IBM 公司工作过的人当然都有不同的人格。然而，我们可以将它们结合和进行加权，以了解人格类型最有可能位于人格图谱的哪个位置。

例如，当你观察一定规模的人群的人格评估结果时，你会发现某个职位上的人的人格往往会偏向一个方向。我们只能推测为什么会出现这种情况，而并不会关心为什么会这样。我们只想知道在特定职位上，哪种人格类型最常见，以及它们与最不常见的人格类型之间的差异有多大。

我们从表 12–2 中可以看出，"创始人"这个职位与人格类型高度相关。在接受 Crystal 人格评估的数千名创始人中，超过 15% 的人属于发起者原型。而最不常见的是编辑者原型，大约只占受访者的 1%。

表 12–2　　　　　　　　　　"创始人"职位的人格分布

原型	占总人群的百分比	可能性
领导者（D）	8.75%	拥有"创始人"职位的可能性增加 40%
驱动者（Di）	12.59%	增加 101%
发起者（DI）	15.23%	增加 144%
影响者（Id）	13.3%	增加 113%
推动者（I）	11.27%	增加 80%
鼓励者（Is）	5.88%	减少 6%
协调者（IS）	4.68%	减少 25%
顾问（Si）	3.84%	减少 39%
支持者（S）	5.88%	减少 6%
计划者（Sc）	2.64%	减少 58%
稳定者（SC）	3.48%	减少 44%
编辑者（Cs）	1.2%	减少 80%
分析者（C）	1.56%	减少 75%
怀疑者（Cd）	2.64%	减少 58%
提问者（CD）	2.76%	减少 56%
创造者（Dc）	4.3%	减少 31%

如果创始人群体在人格类型中分布均匀，我们就会看到每种类型都会占样本的 6.25%。但实际情况并非如此。因此，我们可以运用我们的人格分解方法来计算任何给定创始人属于特定人格原型的可能性（或至少获得更接近实际情况的最佳推测）。

在 15% 的样本量中，我们可以推断出任何给定创始人属于发起者（DI）原型的可能性是普通受访者的两倍。我们还可以得出的结论是，创始人属于编辑者（Cs）原型的可能性低于 80%。

如果我们将范围缩小一些，那么我们就可以得出一些更广泛但更有把握的结论。通过将所有上层原型（D 型和 I 型）结合起来，并将它们与所有下层模型（S 型和 C 型）进行比较，我们可以看出，创始人有 76% 的可能性在人格图谱的上半部分拥有原型。

让我们将这种方法应用于对另一个职位的分析，如"会计"，如表 12–3 所示。

表 12–3　　　　　　　　　　　　　"会计"职位的人格分布

原型	占总人群的百分比	可能性
领导者（D）	3.4%	减少 46%
驱动者（Di）	0.7%	减少 90%
发起者（DI）	3.0%	减少 52%
影响者（Id）	1.4%	减少 78%
推动者（I）	4.8%	减少 24%
鼓励者（Is）	2.0%	减少 20%
协调者（IS）	7.5%	减少 67%
顾问（Si）	8.2%	减少 31%
支持者（S）	19.7%	增加 216%
计划者（Sc）	9.5%	增加 52%
稳定者（SC）	8.8%	增加 41%
编辑者（Cs）	8.3%	增加 33%

续前表

原型	占总人群的百分比	可能性
分析者（C）	8.8%	增加 41%
怀疑者（Cd）	3.6%	减少 42%
提问者（CD）	8.6%	增加 38%
创造者（Dc）	1.7%	减少 73%

会计的人格分布与创始人的人格分布有很大的不同。虽然 76% 的创始人位于人格图谱的上半部分，但只有 25% 的会计位于人格图谱的上半部分。

会计以 S 型为主，如支持者（S）原型和计划者（Sc）原型。很少有会计拥有位于人格图谱上半部分的原型，如驱动者和影响者。

在这种相对简单的对比中，分类具有直观的意义。我们可以做一个合理的假设，即创始人更有可能表现出自信、敢于冒险的行为；而会计更有可能表现出谨慎、有条理和规避风险的行为。职位正是人格类型的有力指标，而其他属性的相关性较弱（但仍然有用）。

让我们再来看看关于"国家"的例子，如表 12-4 所示。当然，如果你仅仅知道某个人来自哪个国家，你可能无法准确预测他的人格。然而，不同的国家有不同的文化、社会规范和行为期许，当你将它与一个人的其他属性结合起来时，你就有可能做出较为准确的预测。

表 12-4　　　　　　　　　　　　"加拿大"的人格类型分布

原型	占总人群的百分比	可能性
领导者（D）	8.65%	增加 38%
驱动者（Di）	12.62%	增加 102%
发起者（DI）	12.34%	增加 97%
影响者（Id）	11.63%	增加 86%
推动者（I）	8.51%	增加 36%

续前表

原型	占总人群的百分比	可能性
鼓励者（Is）	5.53%	减少 11%
协调者（IS）	3.26%	减少 48%
顾问（Si）	4.96%	减少 21%
支持者（S）	7.23%	增加 16%
计划者（Sc）	5.96%	减少 5%
稳定者（SC）	4.68%	减少 25%
编辑者（Cs）	3.55%	减少 43%
分析者（C）	3.40%	减少 46%
怀疑者（Cd）	2.55%	减少 59%
提问者（CD）	2.13%	减少 66%
创造者（Dc）	3.00%	减少 52%

我们从表 12-4 可以看出，来自加拿大的受访者群体大部分都属于驱动者、发起者和影响者原型。我们只能推测其原因，但需要知道的是，当我们将加拿大人与全球其他国家的人进行比较时，两者存在显著、可衡量的差异。

印度的人格分布十分独特，因为大多数印度人都属于支持者和计划者原型，如表 12-5 所示。同样，这可能是受文化差异、不同的社会期望偏差以及其他因素的影响。

表 12-5　　　　　　　　　　　"印度"的人格类型分布

原型	占总人群的百分比	可能性
领导者（D）	3.70%	减少 40%
驱动者（Di）	7.33%	增加 17%
发起者（DI）	7.68%	增加 23%
影响者（Id）	5.58%	减少 11%
推动者（I）	7.07%	增加 13%
鼓励者（Is）	7.50%	增加 20%

续前表

原型	占总人群的百分比	可能性
协调者（IS）	9.51%	增加 52%
顾问（Si）	8.38%	增加 34%
支持者（S）	10.99%	增加 76%
计划者（Sc）	10.30%	增加 65%
稳定者（SC）	6.98%	增加 12%
编辑者（Cs）	4.19%	减少 33%
分析者（C）	3.40%	减少 46%
怀疑者（Cd）	2.27%	减少 64%
提问者（CD）	2.27%	减少 64%
创造者（Dc）	2.79%	减少 55%

由于样本规模庞大且多样，"国家"的属性往往比"职位"等更强大的属性弱得多，"行业""雇主""爱好"等属性则介于两者之间。

当你获得了关于一个人的大量属性时，人格 AI 会将这些属性与一组包含更大数据量的训练数据进行比较，立即进行可能性计算，并将结果组合成新的人格预测。如果这一切都能按计划进行，你最终可能就会确定这个人最有可能拥有的人格类型。

现在，正如你可能想的那样，这种人格分析方法可能会在准确性上存在很大的差异，这取决于你掌握的数据的多少。如果你掌握了关于一个人的大量信息，那么你就可能得出有把握的结论；反之亦然。

然而，属性分析法有其独特的优势，它可以帮助你立即对一大群人做出人格预测。对那些需要同时与大量人员沟通的专业人士（如营销人员、业务拓展代表等）而言，这可能是一种改善电子邮件营销、行动召唤和成功获取客户的有效方法。它也可以用于了解一组人的整体人格趋势，以拟定客户人物角色和品牌信息。

在 Crystal 公司，我们已经在谷歌 Chrome 扩展程序中实现了所有这些功能，因此，你可以根据网页上的可用数据自动做出最准确的人格预测。

人格和行为的变化

尽管我们可以在任何给定时间内对人们的人格做出准确的预测，但人总是在不断变化的。大量研究成果表明，随着年龄的增长，我们的人格会发生变化，而这种转变并不总是可以预测的。

因此，每当我们使用评估法或机器学习生成人格画像时，我们都不能认为它是永远不变的。它更像是一个人此时此地行为模式的快照，但它可能在一年后发生明显的变化。这些变化可能与社会成熟度、生物技术的发展和环境因素有关。

无论何种原因导致这些变化，如果人格 AI 希望达到最准确的目标，它就必须考虑到人类的人格和行为会不断变化的本质。我们的心理模型需要适应，并与它们所描述的人一样灵活。

人格 AI 是如何变得更智能的

所有涉及人格的研究都是基于对大量人群的行为趋势的观察。例如，如果你掌握了数千人的评估结果，同时还掌握了他们的年龄、职位或雇主等信息，那么你就掌握了一组可用于找出相关性（以某种程度的一致性重复的趋势）的训练数据。

如果你能找出足够多的相关性，你就可以使用这些数据来训练机器学习模型。未来，计算机可以使用该模型来准确预测人格画像。你拥有的数据越多，预测就越准确。

假设你在一所大学校园里漫步，在与一群学生聊天时，你发现了一些有趣的事。当你遇到的学生穿红色 T 恤时，通常他们说话都很大声，充满活力，而且很外向。他们中的大多数人都喜欢开玩笑，都喜欢引领话题，并提出很多问题。然而，当你遇到的学生穿蓝色 T 恤时，他们看上去更安静、更内向，也更善于思考，他们通常会仔细听你说话，不会打断你。

现实生活通常并没有这么简单，但为了说明问题，让我们简化一下这个例子。根据你的经验，你可以做出一个合理的判断，即穿红色 T 恤的学生更外向，而穿蓝色 T 恤的学生更内向。但这种思维可能会导致严重甚至有害的偏差，原因有以下三点。

第一，相对于整个学生群体，你可能只遇到了一小部分学生，有些人外向或内向只是随机的，而不具有真正的相关性（抽样偏差）。

第二，可能有其他外部因素导致你观察到人格差异。例如，你可能在比赛日参观了校园，其中一个学院的学生穿蓝色 T 恤，而另一个学院的学生穿红色 T 恤来支持他们的队伍（遗漏变量偏差）。

第三，你可能会下意识地以更外向、更积极的态度接近穿红色 T 恤的学生，从而引导他们以更外向的方式做出回应。在这种情况下，学生对 T 恤颜色的选择不一定能够完全反映其人格差异，而只是他们对改变其行为的社会动态的反应（社会期望偏差）。

当人们或算法在没有足够的训练数据，或者训练数据集本身存在缺陷的情况下做决定时，就会做出不准确的预测。这既是出现误报和错误的刻板印象等现象的原因，也是数据质量如此重要的原因。

在上述大学校园的例子中，你可以通过以下方式减轻你的偏差：

- 在几天内重新参观校园；
- 在不同的时间、在校园的不同位置与学生见面；
- 确保在与你遇到的每一位学生交流时都使用相同的方法。

如果你继续看到相同的红色暗示外向、蓝色暗示内向的趋势，那么你就可以对预测的准确性越来越有信心。随着你收集到的信息越来越多，你甚至可能发现其他能够帮助你预测外倾性的趋势。例如，在校园里，你或许已经注意到结伴而行的学生通常比独行侠更外向。对于每一个新的（无偏差的）趋势，你都可以为未来的决策优化你的心智模式。

随着时间的推移，为了提高预测的准确性，人格 AI 也在做同样的努力，只是它会需要更多的数据点。正因为如此，Crystal 公司为所有用户（每月数千人）提供免费的人格评估，并使用他们的反馈来不断训练自己的机器学习引擎。对每一位完成评估的用户而言，算法可以更准确地预测他们的人格。

人格 AI 如何向人类学习

听其言、观其行是了解一个人的人格最直接的方法。当然，在大多数情况下，这是不可能的，首先需要使用像人格 AI 这样的工具。但是，通过发现和处理人格数据，并使同事、朋友和联系人获得他们想要的数据，我们可以从真实的人和真实的互动中收集到具体的观察结果。

就个人而言，你对某个人行为的观察只能起到一点点作用，因为你的视野毕竟有限。但是，当你将对很多人的观察结果综合起来看时，你可能就会全面了解一个人的人格。Crystal 将传统的人格评估、文本分析和属性分析作为了解某个人的起点。对现实生活的全方位观察使每个人格画像更加丰富，并有助于未来的人格画像从中提取更完整的数据集。

人格画像的验证与修正

借助在线人格画像，人们可以查看评估结果和提供他们的个人反馈，从而使特定的画像更准确，并告诉这台机器："嘿，机器人先生，你弄错了！希望你下次做得更好些。"反馈可以包括以下内容。

- 对总体准确度的评价：例如，"我认为这份人格画像有 80% 的内容是准确的。"
- 对特定特质的看法：例如，"德鲁有说服力、果敢和豁达。"
- 对特定行为的看法：例如，"布莱特妮可能会仔细阅读说明书。"
- 对特定情境的看法：例如，"格雷格在回复这封电子邮件时非常注重细节。"

这种反馈的主要好处是，你可以从许多来源（如这个人自己、他们的同伴、他们的同事以及他们接触的任何其他人）来捕获可感知的行为。当你依靠某个人来描述人格类型时可能带有较强的主观性，但当你依靠很多人来描述时就可能会比较准确。

持续反馈的另一个好处是，它可以帮助我们了解个体的人格如何随时间变化，而不需要对他们重新进行任何评估。通过直接找到源头（即观察某人行为的人），我们可以确保获得比其他任何方法更好的持续可靠性。

第 13 章

用人格 AI 察人识人

一旦你了解了人格图谱和人格 AI 的核心要素，你就可以开始在实践中使用人格 AI 这项强大的技术了。通过结合使用基于网络的人格评估和 Crystal 这样的尖端工具，任何在日常工作中需要与他人沟通的人都可以在日常会议、电话、电子邮件和其他互动中使用人格 AI。

人格 AI 的用例

作为一个需要经常与他人沟通的人，你可能很快就会注意到人格 AI 在日常工作和生活中的很多用例。从与同事合作到销售和招聘，了解与你沟通的人的行为和动机可能非常有价值。

与人共事

每天，你都会与你的同事进行数百次或大或小的互动。你与他们共事的时间越长，你对他们是如何工作的、他们欣赏什么以及什么会令他们沮丧就越了解。人格 AI 加快了你了解同事人格的速度，使你能够：

- 与你的同事建立信任与和谐的关系；
- 了解他人喜欢的工作节奏、环境和强度；
- 了解整个团队的优势与盲点。

销售以及业务开发和拓展

要真正了解同事的性格并不容易，但至少你有很多时间去做这件事，因为你每天都会与他们互动。如果你的角色需要你与组织外部的陌生人打交道，以进行销售或业务拓展，那么情况就完全不同了。第一印象往往决定着是开启对话还是你发送的电子邮件被丢进垃圾桶。人格 AI 可以帮助你与他人进行富有成效的沟通。例如：

- 起草并发送更多有效的电子邮件；
- 准备与你不熟悉的客户会面和通话；
- 使用最有效的方法进行谈判和说服；
- 了解每位客户的核心动机。

领导、管理与教练

如果你管理着一些人或正在担任教练，那么你的首要任务之一就是了解团队的人际关系动态，这样你才可能人尽其才，并帮助他们获得成功。作为一位管理者，你会通过反复观察来了解你的团队成员。当有人对你做出的决定或你给出的解释反应不佳时，你可能会记在心里，并在今后调整自己的方法。人格 AI 可以帮助你迅速而自信地调整你的方法，以有效地管理团队中许多独特的人格类型。领导者通常可以使用人格 AI 来：

- 举行更富有成效、更有效率的会议；
- 用正确的方法不断激励和鼓励你的团队；

- 用能产生最佳结果的方式提供反馈；
- 尽可能以婉转、得体的方式处理冲突。

招聘与团队建设

当为团队招募新成员时，了解性格的必要性将体现得淋漓尽致。每种人格原型对职位信息发布、面试和招聘经理的领导风格的反应可能大不相同。从面试过程开始就了解这些可以帮助你进行成功的招聘，而不会犯下代价高昂的错误。招聘人员和招聘经理常常将人格 AI 用于：

- 为团队物色新的候选人；
- 了解面试中要问的恰当的问题；
- 以最好的方式介绍一个职位或一家公司。

找到准确和完整的人格画像

由于你在职业生涯中会遇到各种各样的情况，因此没有一种普遍适用的沟通方法（因此需要本书）。同样，也没有一种普遍适用的、以获得最理想的人格画像的方法。

请记住，人格 AI 的目标是从我们现有的信息中尽可能准确地确定一个人的人格类型。情况不同，你能获得的信息和所需要的时间也不同。

在接下来的几章中，我们将介绍在多种情况下使用人格 AI 的实用方法。有时，人格评估将是你最佳的解决方案。在其他情况下，使用 Crystal Chrome 扩展软件等工具进行人格预测会更合适。

4

富有成效的沟通
用人格洞察力引领高质量对话

Predicting Personality

第 14 章

如何与不同人格类型的人沟通

带着同理心沟通

当技术无处不在、建立联系的成本低廉时，人们之间的信任却越来越少。对专业沟通者而言，这可能是一件令人沮丧的事情，尤其是那些依赖与客户建立新的长期关系的人，他们从各个角度获得的经过包装的、不真实的信息就已经让他们精疲力竭了。

在这样一个注意力容易被分散的环境中，吸引一个人的注意力的唯一方法就是与其保持密切相关。要是这像听起来那么容易该多好啊！

作为有缺陷、以自我为中心的人，我们习惯于对他人做出这样或那样的假设，而这些假设其实都是我们内心的想法和感受的投射。这些假设通常是不正确的，导致我们总是在无知中苦苦挣扎，却又不明白我们为何总是无法与他人建立联系。例如，当我见到某人时，我自然而然地会假设他喜欢用与我一样的方式沟通；当我希望找点乐子并讲个故事时，我会假设他可能想听我的故事；如果我喜欢说话时开门见山，我会假设他可能也不想兜圈子，也想直接切入正题。

我们的偏见可能使我们变得无知，也使我们极容易受到人格差异的不利影响，如沟通不畅、误解以及错失许多机会。到目前为止，我们已经介绍了这些行为差异如何因人而异（即使他们的背景、工作和环境十分相似），以及它们带来了哪些独特的挑战。如果我们选择忽略它们，我们可能就会失去很多从任何既定对话中获得我们想要的东西的机会，同时浪费很多时间。

为了在沟通中获得成功，尤其是在我们不了解对方的情况下，我们需要用同理心战胜自己的无知。下面，让我们重温一下之前介绍过的共情方程：

共情 = 想要什么 + 为什么想要 + 怎样做

如果你已经掌握了这三个要素，那么你就可以气定神闲地应对任何电话、会议和电子邮件，因为在大多数情况下，你都能比你的竞争对手领先一步。大多数销售人员、招聘人员和营销人员几乎不会考虑人们想要在互动中得到什么；技高一筹的人或许会考虑他们为什么想要得到它；唯有经验丰富者才会真正懂得他们想要如何互动。

大多数人无法在拓展业务或社交关系时使用这三个要素的原因是，如果从未见过对方，他们很难或者根本无法获得这三个问题的答案。然而，人格 AI 几乎可以立即填写共情方程，并帮助人们顺利开启每次对话。

适应不同的人格类型

物以类聚，人以群分。和与我们有相同人格类型的人沟通通常比与我们有不同人格类型的人沟通容易得多。你需要理解的东西越少，出错的可能性就越小，相互理解所需的精力也越少。

然而，我们可能都会因工作或生活感到不愉快。我们和与我们有不同人格的人打交道，往往比与我们有相同人格的人打交道频繁得多，这使得每次对话都好像在冒险，有时你还不得不应对一些挑战。当你能很自然地理解他人的感受时，共情是很容易的；但当你不理解时，则可能非常难共情，而且有时你可能觉得你们在用完全不同的语言交流。

在接下来的章节中，我们将详细分解几个常见的场景，来说明如果你不与他人共情并适应他人的风格，你可能就很难进行高质量的沟通。这些场景包括书面沟通和口头沟通，我们将介绍如何使用人格 AI 在这些领域获得成功。

在进入这些场景之前，了解一些与不同人格类型的人互动的一般建议是很重要的。调整沟通方式的能力并不是人们与生俱来的，大多数人都需要经过反复的练习。你可以从表 14–1 中所列出的一些最基本的准则开始练习，从而养成正确的习惯。

表 14–1　　　　　　　　　　与每种人格类型的人沟通的一般准则

原型	要做	不要做
D 型：创造者、领导者、驱动者、发起者	• 自信、大胆地直接面对他们 • 解释清楚你想通过这次会面得到什么 • 表达想法时要有紧迫感和力度	• 表现得过于拘谨或胆怯 • 花太多时间来解释你是谁 • 不必要的寒暄或闲聊
I 型：影响者、推动者、鼓励者、协调者	• 精力充沛、热情地沟通 • 保持轻松愉快 • 想办法建立个人联系，真诚地赞美	• 以指责或用消极态度开始谈话 • 过度怀疑 • 一次性解释很多细节
S 型：顾问、支持者、计划者、稳定者	• 对他们付出的时间和努力表示感谢 • 花一些时间介绍你的背景 • 真诚、热情地沟通	• 突然说出你的观点 • 谈话进行得过快 • 过于紧张
C 型：编辑者、分析者、怀疑者、提问者	• 举止冷静、镇定，并控制自己的情绪 • 语言具体、描述性强 • 提出实际的、有启发性的问题	• 提出过于尖锐或私人的问题 • 使用润色过多或含糊的语言 • 过于情绪化

第 15 章

人格 AI 与电子邮件

从事销售、业务拓展、招聘和对外联络工作的专业人士一直在为吸引潜在客户的注意力而倾尽全力，但技术却给他们设置了障碍。销售和营销自动化工具在迅速得到普及，并提高了他们的工作效率的同时也产生了副作用：客户的电子邮件收件箱里被填满了看起来越来越相似的信息。

平台服务开发商 Salesloft 公司的首席执行官凯尔·波特（Kyle Porter）在其为《福布斯》（*Forbes*）杂志撰写的一篇文章中强调了这个问题。他写道：

> 没有真正理解系统设计评估（system design review，SDR）是获得潜在客户的关键切入点的销售团队，只能算是一个平庸的团队。他们重产品，而不是结果；他们重感受，而不是数据；他们很少思考，最终会将一个至关重要的角色视为可有可无或可随意替换的角色。

研究机构 TOPO 的一份研究报告显示，一位销售代表一般需要打 18 个电话才能与一位客户建立联系，每发出 4 封电子邮件才会有一位收件人打开其中一封。

每天收到的邮件都让我应接不暇，所以我能想象出那些更大的公司的高管会因收件箱爆满而感到焦虑的样子。

"这个星期您能安排 30 分钟与我会面吗？"

"您能告诉我，在您的团队中，谁是合适的人选吗？"

"请您一定要把我的邮件置顶，以防您忽略它！"

波特坚持认为，这种毫无个性、只讲数量而不求质量的销售拓展方式正在对行业造成损害；相反，他建议使用共情的方式进行人际沟通。他说：

> 人与人之间的沟通听上去或看上去就像在进行一次真实的对话，而不是那种带有强迫性的、漫不经心的推销。没有人能够在一夜之间就学会这一点，但这是可以学习的。你还必须为你的团队成员提供大量的、针对不同场景的个性化工具，这样他们才有可能实现目标。

当大多数对外联络的专业人士都在依靠他们的工具来发送大量标准化的电子邮件时，这种垃圾邮件云为那些有更好方法的发件人创造了机会。Drift and Outreach 公司的一份研究报告指出，个性化电子邮件消息的回复率比标准化、自动生成的消息高约 50%。此外，当这些个性化电子邮件被发送给 100 人以下的列表时，其有效性是之前的两倍甚至更高。

目前，电子邮件依然是企业接触新客户最重要的媒介，但现实告诉我们，用电子邮件实现业务拓展似乎变得越来越困难。现在正是开始应用人格 AI 的理想时点。

如何准备电子邮件

与几十年前那些只能获得潜在客户的姓名和电话号码等信息的销售代表和招聘人员不同，现在，在你与潜在客户交谈之前，你可能已经获得了更多与他们有关的数据。人格 AI 可以使用这些丰富的数据，帮助你在与他人见面之前准确地预测他们的人格类型，并为实现有效的沟通提出建议。

Crystal 主要通过其 Chrome 扩展程序来实现这一点。例如，当你在领英上查看某人的个人资料时，这个扩展程序会分析资料中的文本，并提供人格预测和特定的沟通建议，如图 15–1 所示。

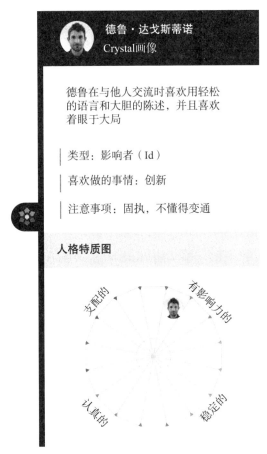

图 15–1 预测人格的 Crystal Chrome 扩展程序

一旦你有了人格画像，你就可以着手为你与他人的谈话做准备了。

他们想要什么

对于共情方程的第一个变量，即"想要什么"，答案似乎完全取决于你的产品或服务。然而，如果你由表及里地稍做分析，你就会意识到你卖的并不是你认为你在卖的东西。

不同人格类型的人在其内心深处通常会寻找截然不同的东西，即使是在购买同一种产品时。例如，拥有分析者（C）型人格的人可能会购买特斯拉的 Model 3，因为他认为这款车性价比高；但拥有推动者型人格（I 型）的人购买这款车的原因是他认为驾驶它既能获得乐趣，也能获得更高的回头率。

虽然特斯拉公司销售的是同一种产品，但客户购买的却是两种完全不同的"好处"。事实上，每种人格类型的人都在寻找不同的好处（如表 15-1 所示），但这些好处有时是相互矛盾的。

表 15-1　　　　　　　　　　　吸引每种人格类型的人的好处

类型	优先考虑的好处
D 型：创造者、领导者、驱动者、发起者	• 即时结果 • 竞争优势 • 对最终盈利的影响
I 型：影响者、推动者、鼓励者、协调者	• 新关系 • 有趣的经历 • 新颖
S 型：顾问、支持者、计划者、稳定者	• 安全 • 可靠性 • 长期信任
C 型：编辑者、分析者、怀疑者、提问者	• 准确性 • 高质量 • 效率

一旦你知道了自己真正在卖什么，就可以进行下一步了。

他们为什么想要

核心动机是很难评估的，就连我们自己也未必完全清楚我们的动机。但人格 AI 可以帮助我们很好地预估驱动潜在客户行为的因素。

即使你可能正在为一次简短的一次性谈话做准备，你也需要知道，你与对方的见面只不过是他生活中的一瞬间。对你而言，他们是一个点；但对他们而言，这次见面是一条联结过去经历与未来梦想的纽带。这两者正是影响核心动机的两大要素。

如果你能了解一个人的人格原型和其他背景信息，如他之前做过的事情或未来的目标，你就可以尝试推断出他的一些基本动机。表 15–2 列举了一些基于人格图谱的一般准则。

表 15–2 每种人格类型的核心动机

原型	核心动机
D 型：创造者、领导者、驱动者、发起者	• 快速晋升 • 越来越大的权力 • 更多地掌控未来
I 型：影响者、推动者、鼓励者、协调者	• 对未来感到兴奋 • 独特的感受 • 同行的认可
S 型：顾问、支持者、计划者、稳定者	• 可预见的未来 • 减少冲突的机会 • 周围人的幸福感
C 型：编辑者、分析者、怀疑者、提问者	• 扩展知识与技能 • 最少的未知因素 • 对未来的合理计划

需要注意的是，不要过度分析或夸大他人的动机，因为这很容易使你失败。然而，如果你能在第一次谈话之前做一些调查工作，并且在建立联系的过程中继续提出一些问题，那么了解核心动机就是共情方程中最强大的部分，能够帮助你与客户建立起强大且持久的信任关系。

他们想如何互动

"想要什么"和"为什么想要"在很大程度上决定了你对外沟通的内容的实质，但"怎样做"取决于你的风格。

每种原型都有他们喜欢的沟通风格，如表 15–3 所示。

表 15–3　　　　　　　　　　　每种人格类型的人的沟通风格

原型	沟通风格
D 型：创造者、领导者、驱动者、发起者	• 直接 • 简洁 • 公事公办
I 型：影响者、推动者、鼓励者、协调者	• 随意 • 有表现力 • 有趣
S 型：顾问、支持者、计划者、稳定者	• 友善 • 热情 • 礼貌
C 型：编辑者、分析者、怀疑者、提问者	• 正式 • 字斟句酌 • 善于描述

调整你的沟通风格是一项你可以通过学习来获得的技能。当你开始在对外沟通中考虑人格类型时，你会感受到某种倾向。D 型的行文风格都很相似，就连遣词造句都大同小异；而 S 型则不同。这都需要练习。

如何写电子邮件

研究案例是学习如何在对外沟通中使用共情驱动法的最好方法。以下我们将介绍一些常见场景，供你在写电子邮件时参考。

通过电子邮件安排一次会议

任何涉及对外联络的角色可能都需要发送大量的电子邮件，他们的目的很简单：让收件人与我聊聊。

主题：首选 IT 供应商 |【公司名称】

德鲁，您好！

冒昧给您发这封邮件。很高兴您能在百忙之中打开我的邮件，请允许我快速介绍一下我自己，以了解我们如何能够帮助您满足您的发展需求。

我们是一家位于××（地点）的软件服务和分析公司××（公司名称），在××（地点）设有办公室，并在××（地点）设有离岸研发中心。我们已经为美国和欧洲的客户提供了定制开发（网络与移动）、商业智能、数据分析、可视化、AI、机器学习、区块链和聊天机器人等领域的解决方案。

如果您有时间，我非常愿意为您安排一场视频会议，带您了解我们的公司，分享我们与像贵司这样的公司的合作经验、它们面对的挑战，以及我们的解决方案。当然，如果您方便，我也想了解贵司今年的痛点／面临的挑战／发展路线图，以及我们如何为您的公司增值。

如果您认为有必要就上述问题和我聊聊，请告诉我一个您方便的时间，我将安排一次简短的交谈。

祝好！

业务拓展区域经理××（姓名）

作为一个精力充沛的公司管理者，我每天都能收到很多这样的电子邮件。实际上，我的邮箱已经满了，不难找到我们可以打开的，比如上面这个例子。

这封邮件看上去合情合理，对吧？从语法上讲，的确如此。这是一封很安全的邮件，没有人因此会被解雇。但它有效吗？显然没有。

为什么呢？让我们从共情方程的角度来分析一下。

我想要什么

这位态度友好的销售代表正试图向我推销该公司的软件和分析服务。然而，我完全有能力和资格担任一家技术公司的首席执行官。作为一位拥有影响者（Id）型人格的人，我会从供应商那里寻求以下好处：

- 一种更具创造性、创新性的方法；
- 速度与灵活性；
- 共同的关系与兴趣。

相反，这位销售代表提供的是以下内容：

- 他所在公司所做的每类项目的长清单；
- 要求了解我们公司的痛点和业务发展路线图；
- 他所在公司过去的经验与信誉的资料。

为什么我想要

影响者原型与其他相似原型的动机有时对其他人而言似乎是不合理的，其中包括：

- 同事的认可和赞美；
- 渴望与众不同，即使付出高昂的代价；
- 未来有更大的发展，即使风险很大。

相反，销售代表试图激发出以下完全不同的动机，而这些动机对拥有影响者型人格的人根本没有吸引力。

- 基于社会证明的可预测性：当我读到"分享我们与像贵司这样的公司合作的经验"时，与我有相同人格类型的人会想"我们将会得到千篇一律的解决方案"。
- 基于规模的安全性：通过提及他们公司办公室和办事处的位置，他试图让我们相信该公司规模很大，但我认为这是官僚主义、行动迟缓和不愿承担风险的表现。

我想如何沟通

即使这位销售代表写了内容更好的邮件，直接满足了拥有影响者（Id）型人格的人的主要愿望和动机，它可能也会被忽略，因为我并没有阅读这封邮件的大部分内容。

行文风格有时甚至比实质性内容更重要。以下是他犯了错误的地方：

- 拥有影响者型人格的人更喜欢简短、内容简练的邮件，而这封邮件有四段文字，有很多不必要的内容；
- 拥有影响者型人格的人更喜欢轻松、有人情味的语言，而这封邮件的语言却格外正式。虽然有礼貌，但它无法驱使我采取行动；
- 拥有影响者型人格的人会被直接的、非黑即白的号召说服。他们需要被"强迫"，否则他们会继续做下一件事。这封邮件没有直接说"我可以给您发送一份方案吗"之类的话，而是使用了过于犹豫和慎微的句子，如"如果您认为有必要就上述问题和我聊聊，请告诉我一个您方便的时间"。

这不一定是一封糟糕的电子邮件。虽然它对像我这样的 I 型人格的人没有效，但可能对 C 型（分析者、编辑者、怀疑者和提问者），甚至 S 型（顾问、支持者、计划者和稳定者）很有效。

如果让我重写这封电子邮件，使它能引起我的注意，并促使我采取行动，我可能会像下面这样写。

主题：我们能够帮助你加速创新

德鲁，您好。

我们是一家总部位于休斯敦的软件公司，我们的宗旨是帮助处于快速发展阶段的初创公司更快地成长，而不必为在公司内部成立一个更大的团队而投入大量的工作和高昂的成本。

看起来，我们在 AI、机器学习方面都具备一定的专业知识。我很想向您展示我们公司最近完成的一些更具创新性的项目。

您是否有将新项目外包的计划？如果有，我希望给您发送一份计划书。

谢谢！

哈里

业务拓展区域经理

情人眼里出西施。一份电子邮件的价值是由对收件人的影响来判断的。

如何发送跟进邮件

即使你的电子邮件的写作风格符合收件人的风格，也无法保证你在发出第一封邮件后就能得到回复；相反，80% 的销售都发生在至少五封跟进邮件之后。这意味着，跟进邮件对于对外联络获得成功至关重要。不出所料，理想的跟进邮件格式会因收件人的人格类型有很大的不同。以下是我的同事乔纳森最近收到的一封跟进邮件。

> **主题：跟进**
>
> 乔纳森，您好！
>
> 你在这个假期过得愉快吗？有没有一些有趣的事发生？
>
> 我希望就上个月我发给您的那封邮件再啰唆几句。如果您认为有必要，我们可以简短地通个电话，看看××（公司名称）现在或在接下来的一段时间里可以为您做点什么。
>
> 祝好！
>
> ××（姓名）

这是另一封合情合理且有礼貌的邮件。然而，对乔纳森这样拥有分析者（C）型人格的人而言，这封邮件的命运也只能是石沉大海。可以肯定的是，乔纳森没有兴趣与这位销售代表联系。

作为拥有分析者（C）型人格的人，乔纳森可能会喜欢这样的跟进邮件：

- 使用的是正式语言；
- 包括对已经讨论过的内容的回顾；
- 明确地提出问题。

遗憾的是，这封电子邮件在以下几个方面都没有抓住要害。

- 拥有分析者型人格的人与某人建立信任需要时间，了解这个人只是第一步，而且最初可能对其持怀疑态度。就乔纳森的新年计划提出问题可能会被视为侵犯了他的个人隐私。
- 拥有分析者型人格的人注重细节，他们在做决策前总是先进行大量的研究。这封跟进邮件中没有任何新的内容，所以它无法引起乔纳森的关注。
- 拥有分析者型人格的人在说话时会字斟句酌。如果你向他们提出一个模棱两可或没有准确答案的问题，那你就别指望得到很好的答案。乔纳森不太可能在未来两周内给对方留出时间。

如果我想引起乔纳森的注意，我可能会像下面这样写这封邮件。

主题：（公司名称）——软件咨询——跟进

乔纳森，您好！

我想跟进一下我在 12 月中旬发给您的关于 Crystal 公司 IT 服务的邮件。我想做几点简单的提示：

- 我们是一家面向全球的 IT 服务企业，在美国、加拿大和欧洲设有 12 个分支机构；
- 我们作为亚马逊云服务（Amazon Web Services）公司和微软 Azure 的签约合作伙伴已有七年时间；
- 去年，我们帮助与 Crystal 类似的公司完成了 19 个项目。

我了解到您在 Crystal 公司负责维护一套复杂的技术架构，不知道我的 IT 团队可以在哪些方面提供帮助？

如有需要，我们可否在美国东部时间星期二上午 9 点或星期三下午 3 点进行 30 分钟的电话会议，以进一步讨论？

祝好！

【姓名】

这封内容非常具体的电子邮件可能对像我这样拥有影响者（Id）型人格的人未必有效，但对像乔纳森这样拥有分析者（C）型人格的人可能非常有效。

四种主要电子邮件风格

虽然上述案例有两种电子邮件风格，但每种人格类型都有特定的电子邮件风格偏好，如表 15-4 所示。每个组成部分（如问候语、主题行、正文和行动召唤等）的内容、语言和语气都不同。

表 15-4   每种人格类型对电子邮件风格的偏好

原型	喜欢的风格	不喜欢的风格
D 型：创造者、领导者、驱动者、发起者	· 保持主题和正文简明扼要 · 包括明确、直接且他们可以立即完成的行动召唤 · 使用正式语言	· 包含过多细节 · 问很多开放式问题 · 发送不必要的附件或链接 · 使用过度表达或冗长的语言
I 型：影响者、推动者、鼓励者、协调者	· 尽可能使用图像或媒体手段 · 以积极、乐观的语气写作 · 措辞轻松、诙谐	· 用过于正式或严肃的语气写作 · 原始数据过多，缺少对重要观点的解释 · 使用强硬、令人感到压力的语言
S 型：顾问、支持者、计划者、稳定者	· 包括热情、个性化的问候和诚挚的结束语 · 提及共同的联系人、兴趣和合作者 · 使用友好、富于表现力的语言	· 包含过于直接或非此即彼的行动召唤 · 写作方式过于简洁，可能令人觉得冷漠 · 过分偏离他们习惯的电子邮件的写作标准和约定
C 型：编辑者、分析者、怀疑者、提问者	· 包含大量细节和描述 · 提出清晰的问题，并询问他们答案背后的原因 · 使用正式、严肃的语言	· 使用随意的语言 · 省略重要细节 · 用情绪化的语气写作

第 16 章

人格 AI 与销售会议

你可以花上好几个小时写出一封完美的电子邮件，但当你正在参加一个销售会议或打电话时，你就没有这么多时间了。对话是实时进行的，因此加速了整个信任建立的过程。

这就使提前做好准备变得更加重要，因为随着对话的进行，你需要随机应变，并不断调整你的方法。当你进行重要的商务谈判时，你还很可能会受到情绪的影响。

借助人格 AI 改善销售谈话的实例

假设你是一位商业地产经纪人，想约格雷格见面，并试图与他签订一份关于市中心的办公地点的新租约。虽然马上就要签约了，但仍有一些重要条款需要制定。

在你不了解格雷格的人格的情况下，以下是你在这种销售场景中可能会说的一些话：

- "很高兴你喜欢这个办公地点，我想你的员工也会喜欢。"

- "想想大堂区域的各种可能的用途，我们可以将那里设计得令人惊叹。"
- "坦率地说，我的其他几位客户已经关注这栋楼好长时间了。"
- "这个位置非常便利，你可直接沿着街道步行至很多酒吧和餐厅。"
- "自然光线和硬木地板的确很棒。"

我之所以特意写出这些句子，是因为这些句子能引起我的注意，因为我拥有影响者型人格。我总是试图讲好一个故事并借助情感，我倾向于关注视觉化因素或社交因素。然而，这种风格在与格雷格等人的销售会议中可能不是很有效。如果你与我相似（或与格雷格不同），你就需要调整你的方法。

格雷格拥有创造者（Dc）型人格，这意味着他是一位务实的、以结果为导向的实干家，他能够察觉出效率低下，并根据新信息改变自己的想法。因此，如果你想让他签字，你就必须提前做好准备工作。

下面让我们看看在这个案例中如何使用共情驱动法。

想要什么

在租用办公室时，格雷格可能寻找的是：

- 与当地房屋租赁市场的其他区域相比，具有竞争力的价格；
- 成本明细以及与他未来可能需要考虑的额外成本有关的信息；
- 明确的规则和条款，不包含任何可能造成不利影响的模糊的法律语言。

为什么想要

作为拥有创造者（Dc）型人格的人，格雷格主要受以下动机的驱动：

- 尽可能为公司赢得尽可能好的交易，以降低成本；
- 尽可能清晰地看见未来；
- 了解其他相关方的潜在意图和可信度。

怎样做

在谈判时，格雷格这样的人倾向于：

- 严格控制信息；
- 使用坚定或有力的语言来争取更好的结果；
- 提出很多问题，以了解对方的动机；
- 批评任何潜在的不实之词或夸大的主张。

与我之前介绍的更注重情感和社交的方法不同，你可以在一开始就使用共情方程来使会议更有效。你可以说：

- "根据本地区目前的市场价格，你将以略低于市场平均的价格得到非常优质的办公空间。"
- "这里有许多可用的停车位，而且公共交通便利，员工可以高效利用时间。"
- "一切都准备就绪，交钥匙即可使用，入住成本会非常低。"
- "这里还有可供使用的扩展空间，您可以转租出多余的空间。"
- "我可以给你一张包含所有重要条款的表格。"

这是一次完全不同的对话，它对格雷格这样拥有创造者（Dc）型人格的人可能非常有效。

看起来，与拥有创造者和其他 D 型的人谈判可能会比较困难，但只有在你没有准备好的情况下才会这样。如果你带着很好的想法开始讨论，却没有数据支持它们，那么谈判过程也可能会令双方耗费精力。位于人格图谱中左侧部分的人通常不会回避对抗，而位于上半部分的人往往固执己见。D 型人格的人位于人格图谱的左上角，因此你可能会同时遇到上述两种情况。

然而，如果你经常与拥有创造者型人格以及人格图谱左侧部分的那些类型人格的人谈判，我可以告诉你，你一旦学会了以一种清晰的、以行动为导向的方式整理你的思路，这就是非常令人振奋的。拥有创造者型人格的人一旦掌握了所有事实，就可以迅速、理性、大胆地做出决策。你永远不必猜测他们在想什么，他们通常也不会根据直觉改变他们的想法。

在谈话过程中进行调整并做出反应

这些例子主要关注的是谈话的准备和开始阶段。然而，一旦谈话开始，这些就会派上用场，你的理论将会变成现实。

人格 AI 能够帮助你为轻松应对所有这些场景做好准备。Crystal 等工具可以根据会议的特定参会者、会议资料和会议目标，为你提供一份完整的会议备忘录。此外，你有足够的时间来了解人格以外的更多信息，以帮助指导你的沟通方法。所有这些都将让你更加自信。

然而，在会议期间，你不能过分依赖人格 AI 等技术。你可能需要根据对方的情绪变化来调整你的谈话方式并提出更多问题，以更好地了解他们的目标或其他重要事项。随机应变对大部分人而言并不是与生俱来的技能，但在这种情况下，人格图谱至少可以让我们少一些信口开河，并为快速进行的对话提供一个框架。

改变你的风格

有时候，你可能会在与某人见面之前错误地预测他的人格原型。你的人格 AI 应用程序甚至可能预测错误。可能他那天只是心情不好，或者正在调整自己的性格以适应新的角色。

不管是什么原因，人们的行为有时会与你想象的截然不同，特别是在第一次见面时。当发生这种情况时，你需要及时调整你的风格。

你的手头并不是随时都有数据或技术来使用人格 AI 找到某人的个人资料，因此了解每种原型喜欢在电话或会议中如何沟通就显得格外重要，具体如表 16–1 和表 16–2 所示。

表 16–1　　　　　　　　　　　　　　每种原型的通话偏好

原型	喜欢的	不喜欢的
D 型：创造者、领导者、驱动者、发起者	• 要求安排时间来打电话，而不是等待具体的预定安排 • 直奔主题 • 在开始讨论前明确说明你的目标	• 切入主题前花很多时间闲聊 • 用含蓄或消极的语气谈话 • 对方交谈的节奏快于你感觉舒适的节奏
I 型：影响者、推动者、推动者、协调者	• 询问他们是否可以立即通话（通过短信、电子邮件等），而不是提前计划 • 视频通话而不是语音通话 • 从轻松话题开始，以建立融洽关系	• 说话的语气过于严肃或正式 • 讲很多细节，除非他们特别要求 • 对他们的情感诉求反应冷漠
S 型：顾问、支持者、计划者、稳定者	• 在要求他们采取行动之前，询问他们的感受和动机 • 对他们付出的时间和关注表示感谢 • 态度友好、热情	• 讨论进行得太快 • 使用生硬或唐突的语言阐述观点 • 在通话中要求立即采取行动或做出决策
C 型：编辑者、分析者、怀疑者、提问者	• 在通话前以书面形式沟通最重要的细节 • 在通话前或通话中提供链接、数据和其他参考资料 • 使用严肃、不带感情色彩的语言	• 在没有特殊原因的情况下视频通话 • 打断他们或改变话题 • 没有解释你的原因就迅速得出结论

表 16–2　　　　　　　　　　　　　　每种原型的见面偏好

原型	喜欢的	不喜欢的
D 型：创造者、领导者、驱动者、发起者	• 在见面最初的几分钟之内明确你的要点和目标 • 直接问"是"或"否"的问题 • 要求他们确定会议的地点和环境	• 开会前需要过多的准备或阅读过多资料 • 会议时间过长 • 让其他无关人员参与会议，除非必须这样做
I 型：影响者、推动者、推动者、协调者	• 会议期间提供食品或饮料 • 尽可能使用视觉辅助工具 • 充满激情，语言有力量	• 在一个独立的封闭空间中举行会议 • 展示大量资料或任何可能分散注意力的东西 • 稍微迟到一些就变得焦躁不安

续前表

原型	喜欢的	不喜欢的
S 型：顾问、支持者、计划者、稳定者	• 在轻松、平和的环境中见面 • 事先确定讨论的时长和内容 • 在正式讨论之前花时间交流一下近况	• 施加压力，让他们当场做出决策 • 等待他们确定会议的地点和时间 • 不问更多问题就主导谈话
C 型：编辑者、分析者、怀疑者、提问者	• 事先提供大量信息 • 参会人员尽可能少 • 为他们提供足够的个人空间	• 在有很多其他人的公共场所开会 • 在赢得他们信任之前问很多私人问题 • 在没有逻辑或数据支持的情况下提出大胆的论断

使人们采取行动

对专业沟通者而言，大多数日常谈话都有一个特定的终极目标。因此，在了解对方的需求和目标后，谈话的目的就变成了促使他们采取行动。

谈话的目标可能有很多，如说服谈话对象：

• 辞去现在的工作并加入你的公司；

• 购买你的产品而不是竞争对手的产品；

• 与你签订商业合同；

• 接受你的活动邀请；

• 为某项事业捐款；

• 给你加薪。

这些通常是你在职业生涯中需要进行的一些最艰难的对话，因此让你的观点有说服力至关重要。

我们可能认为"说服"是一个有点带有贬义的词。我想到了电影《冰血暴》（Fargo）中的汽车推销员杰里·伦德高（Jerry Lundegaard），他毫不留情地坚持完成防锈处理流程才能结束销售，逼迫客户支付更多的钱，这的确是一种令人不悦的说服。

在《影响力》（*Influence：The Psychology of Persuasion*）一书中，美国社会心理学家罗伯特·B. 西奥迪尼（Robert B. Cialdini）概述了影响力的六项原则，即只要我们能够说话，人们和组织就能成功地引导他人采取行动的说服策略。这些原则，即互惠、承诺和一致、社会认同、喜好、权威和稀缺，是一些中性的工具。西奥迪尼在书中详细地介绍了它们，因此你既可以使用它们达到自己善良的目的，也可以发现他人何时会使用它们达到其不那么善良的目的。

随着我们的经济变得更加互联、透明和以关系为导向，恶意使用说服策略变得更加困难。人们有很多的选择，而且有很多方法可以识别出一个演技不好的演员。

相反，专业沟通者应将说服视为一项长期策略。我们希望了解用户的需求，并指导他们完成决策过程。当然，我们也希望促成一个特定的结果。但我们在这个过程中的作用更多的是帮助人们说服自己采取行动，而不是通过强制或胁迫而使他们采取行动。

法国数学家、物理学家和思想家布莱士·帕斯卡（Blaise Pascal）在 350 多年前描述了这种方法。他说："人们通常更容易被他们自己发现的原因说服，而不是被他人想到的原因说服。"

在一个供给无限的世界里，这与其说是一种建议，不如说是一种规则。那么，我们应如何指导我们的客户和同事通过他们自己的决策过程来建立长期信任呢？具体如表 16–3 所示。

表 16–3   如何有效说服拥有不同人格类型的人

原型	可以做	不要做
D 型：创造者、领导者、驱动者、发起者	· 提供一份高水平的价值总结 · 快速响应他们的反馈 · 使用充满活力、自信的语气 · 关注竞争优势	· 过于详细 · 使用犹豫、消极的语气 · 需要很长时间才切入正题 · 在许多观点上摇摆不定
I 型：影响者、推动者、鼓励者、协调者	· 提及那些已经采取了你希望他们采取的行动的人 · 使用富有表现力的、丰富多彩的语言 · 通过电子邮件或屏幕共享发送视觉材料 · 尽量始终专注于谈话重点	· 使用过于严肃的语气 · 使后面的谈话充满变数 · 使用过度描述性的语言 · 过多谈论以往的经历
S 型：顾问、支持者、计划者、稳定者	· 引导他们完成购买流程 · 告诉他们你的资质和经验 · 询问他们的关注点和风险 · 使用热情、友好的语气	· 在建立融洽关系前提出探索性问题 · 关注结果而不考虑与人相关的因素 · 使用咄咄逼人的语气 · 不重视他们现在的做事方式
C 型：编辑者、分析者、怀疑者、提问者	· 使用严肃、正式的语气 · 先于他们指出你自己的缺点 · 询问他们最棘手的问题 · 用额外的数据支持你的推介	· 试图进行过多的闲聊 · 过于乐观 · 使用情感丰富的语言 · 跳过细节

处理反对意见

在旨在促使对方采取行动的对话中，最困难的部分通常是解决突然出现的、无法预见的问题。例如，当潜在客户提出一个令你毫无准备的反对意见时，场面可能会十分尴尬。这听起来可能很糟糕。

然而，反对意见也可能暗示你需要做什么事情。反对实际上是微冲突的一种形式。对大多数人而言，冲突会让人感到不舒服。因此，除非他们对某些事情非常在意，否则大多数人都不会轻易将对话引向冲突。表面上听起来像是破坏交易的反对意见可能表明这个人在做出最终决策前正在仔细权衡各种因素和考虑所有风险。你可能正在帮助他们消除最后仅存的一些顾虑。

　　由于我们现在讨论的是对话的后期阶段，因此具体的反对意见在很大程度上取决于实际情况，很难根据人格做出笼统的预测。尽管如此，不同人格原型的人具有不同的敏感性和风险承受能力，因此，了解他们决策前的思维模式可以帮助你预测他们可能提出的反对意见的性质，如表 16–4 所示。

表 16–4　　　　　　　　　　做决策之前可能出现的反对意见和顾虑

原型	示例
D 型：创造者、领导者、驱动者、发起者	• 这或许不会像我希望的那样快速发生 • 这个决定的代价或许比我预计的高 • 我或许可以在其他地方找到更好的选择
I 型：影响者、推动者、鼓励者、协调者	• 在我做出这个决定后，可能会有更好的结果 • 这个决定对事情顺利进行没有太大的好处 • 我或许将失去灵活性或创造力
S 型：顾问、支持者、计划者、	• 未来，情况可能会发生变化 • 我可能信任你，我需要与我不信任的其他人共事 • 这个决定的风险可能超出我的预期
C 型：编辑者、分析者、怀疑者、提问者	• 支持你的主张的数据可能不够准确 • 你可能遗漏了一些重要细节 • 我自己也许可以做得更好

第 17 章

人格 AI 与艰难的谈话

共情不仅能够使你的对外联络和销售对话更有成效，而且也能够对你最重要（也是最艰难）的谈话产生更大的影响。即使你已经认识某人并与其共事了很长时间，某些令人高度紧张或无法预测的情况也会迫使人退回到原始的冲动状态，并加倍关注他们的自然行为模式。

人格图谱可以为我们提供关于人们在紧要关头如何思考的非常重要的见解。在本章中，我们将介绍一些你在职业生涯中可能面临的常见的高风险情况的实例，以及如何使用人格数据应对这些情况。

场景：要求加薪

对大多数人而言，职业生涯中最困难和最容易让人焦虑的谈话之一就是要求老板加薪。这件事很难，也是一个微妙的话题。但在现实生活中，没有多少更好的方法可以直接、迅速地影响你的财务状况。

尽管如此，你仍然可以使用共情方程来准备这样的会面，并信心满满地走进会议室。准备工作与我们之前介绍的例子非常相似。

这一次，我们假设你是一位为广告公司工作的设计师。你在这家公司工作马上满两年了，你准备与你的老板布里特妮会面，并提出一个大胆却合理的请求：加薪 7%。

如果你询问身边的亲朋好友如何提出加薪要求，他们可能会建议你这样说：

- "过去一年，我为公司创造了很多价值，我应该得到相应的报酬。"
- "我喜欢我在这里的工作，但如果我无法获得能体现我价值的报酬，我就将考虑其他选择了。"
- "根据市场数据，我每年应赚 × 美元。"
- "我会想尽我所能来推进工作并实现我的目标。"
- "如果有可能，我希望本周末之前将这件事确定下来。"

对于那些想在这类谈话中更直截了当的人而言，这些都是很好的建议，尤其是如果他们重视外部数据，并愿意就某些主张的优势进行探讨时。然而，布里特妮是一位拥有计划者（Sc）型人格的人。这类人不喜欢过于直接的方式，而喜欢更有耐心的方法。

了解这些后，你可以这样应对这次会面。

想要什么

假设你的工作性质没有太大变化，布里特妮可能想要：

- 与她的团队成员建立密切、相互信任的关系；
- 她可以信心十足地预见到稳定、一致的结果；
- 你的一项长期承诺，即在继续高效工作的同时，帮助指导和培养其他员工。

为什么想要

鉴于布里特妮拥有计划者（Sc）型人格，通常能够驱动她的动机是：

- 拥有比公司其他管理者更高的员工保留率；
- 为她自己和她的团队营造一个安定和谐、舒适宜人的环境；
- 帮助她的同事感受到支持、倾听和肯定。

怎样做

幸运的是，计划者往往是比较容易沟通的原型，因为他们是很好的倾听者。当你与布里特妮会面时，你应该：

- 行为举止平易近人、优雅得体；
- 在提出你的主要诉求之前，花点时间聊几句家常；
- 询问她希望随着团队的发展，在未来如何培养团队成员。

有了共情方程，你将信心十足地与布里特妮会面，但态度会温和得多。以下是你可以使用的一些句子。

- "我非常珍视您在我个人发展和成长中所付出的努力。"
- "我希望长期与您共事，我不会离开公司，这是我承诺给您的安全感。"
- "您如何看待之前的加薪？我要怎样做才能让您感到满意？"
- "未来，我愿意承担更多我本职工作之外的、指导并支持团队新成员的工作。"
- "请您抽时间考虑一下这件事，再告诉我您的决定。"

与拥有创造者或影响者型人格的人不同，拥有计划者型人格的人通常不会迅速做决定。在得出结论之前，他们可能会将事情搁置一段时间，因此当你与布里特妮结束会面时，向她施压以让她当场做出决定可能是不明智的；相反，在接下来的几天里，你应该尊重她的要求，并持续跟进你的请求。

场景：提供反馈

提供建设性的反馈可能是一种微妙的平衡行为。一方面，你不想给人留下过于苛刻、甚至冒犯对方的印象；另一方面，如果你提供的反馈过于轻描淡写、拐弯抹角，对方可能永远也不会改进。这就需要达到某种平衡，而每种人格的人的平衡是不同的。

假设你正在向一位网站设计师提供关于他设计的新网页的反馈。对于拥有鼓励者（Is）、协调者（IS）或顾问型（Si）人格的人（他们往往更热情、更外向）而言，你可能需要使用温和、有礼貌的方式来提供你的反馈。例如：

- 用积极肯定、有真情实感的语言来表达你的批评；
- 进行头脑风暴并讨论有创意的方法，使其变得更好；
- 提出新想法；
- 让更多人参与提供反馈。

你可能会认为这些例子是提供礼貌反馈的默认方式。然而，如果你是向拥有提问者（CD）型人格的詹姆斯提供反馈该怎么办呢？在这种情况下，你们的对话需要更直截了当、更有计划、更有条理。你可以按照以下内容去准备这次会面。

想要什么

詹姆斯是拥有提问者（CD）型人格的人，他可能想要：

- 消除他自己想法中的缺陷；
- 在最短的时间内取得他能够取得的最理想结果；
- 迅速处理反馈，以便他可以继续工作。

为什么想要

鉴于詹姆斯拥有提问者（CD）型人格，他的动机往往是：

- 快速成长并证明自己；
- 设计出高质量、行得通的最终方案；
- 拥有独立解决复杂问题的自主权。

怎样做

向拥有提问者型人格的人提供反馈或许更具挑战性。这是因为他们自信、严谨，在改变自己的观点时需要依靠大量的研究。与詹姆斯会面时，你应该：

- 在表明观点时直接有力且明确，因为他可能宁愿面对残酷的现实，也不愿意听到关于如何改进的模棱两可的建议；
- 用事实呈现你的反馈，最好有研究或数据支持，而不是受情绪影响的观点；
- 如果詹姆斯不同意你的反馈，请做好被拒绝的准备，不用担心要修饰自己的语言，因为詹姆斯不介意为了获得最佳结果而与你发生冲突。

共情方程能让你在与詹姆斯会面前做好准备。以下是一些可能与拥有提问者（CD）型人格的人产生共鸣的句式。

- "我将就这部分内容提出不同的意见……"
- "让我们回想一下我们开始时的目标……"
- "与我见过的其他解决方案相比……"
- "我有一些具体的方法能够帮助你改进……"

你与詹姆斯的反馈环节可能将是富有成效且简短的。拥有提问者（CD）型人格的人会迅速落实你们达成共识的任何反馈。

场景：解决冲突

在职场中，冲突是不可避免的。我们在性格、观点、愿景和目标上的差异有时会造成不一致。为了使工作有效，这种冲突必须得到解决。然而，如果冲突处理不当，可能就会产生不利影响：它可能会让人们受到不必要的伤害。

谈到冲突，我们除了想将其造成的损害降到最低，还希望将有益的冲突作为一种相互了解以及建立更深厚、更真诚的关系，并取得最好结果的方式。人格图谱能够帮助我们用共情、机智和清晰的方式驾驭最有争议、最情绪化的局面。稍加准备，你就可以更加周全、从容地处理冲突，并与冲突的另一方会面。

让我们再来谈谈拥有提问者（CD）型人格的詹姆斯。这一次，詹姆斯与拥有激励者（I）型人格的奥斯汀合作，但他们就完成这个项目的最后期限存在分歧。他们正在跟进一个项目，詹姆斯希望缩短期限，这样他们能够高效地工作；而奥斯汀希望延长期限，以便为创新和探索一些新想法留出一定的空间。目前谁的想法比较合适还不知道，但很明显，他们意见相左，而且他们需要在这种状况演变成更严重的冲突之前拿出解决方案。

如果詹姆斯以其与生俱来的提问者风格行事而不做调整，他很可能会：

- 使用非常精准、直率的语言来描述为什么他的立场是正确的，但这对奥斯汀而言或许过于刺耳，并可能导致他处于防御状态；
- 尽可能多地控制时间、流程和涉及决策的其他事宜，这可能会让奥斯汀感觉到受限制；
- 通过专注、非情绪化的辩论寻找解决方案，但奥斯汀很可能会带着情绪，这种不平衡会使辩论更像是对人的侮辱，而不是客观的推理。

通过使用共情方程，詹姆斯可以调整自己的沟通风格，更好地与奥斯汀合作。

想要什么

奥斯汀很可能关注的是：

- 友好、积极的关系，无论这次辩论的结果如何；
- 拥有设计并尝试新的解决方案的自主权。

为什么想要

想想对拥有推动者（I）型人格的奥斯汀而言，最重要的激励因素可能是：

- 在公司内部和周围人的正能量中成长；
- 有很强的好奇心，并且喜欢创新。

怎样做

一旦理解了奥斯汀"想要什么"和"为什么想要"，詹姆斯就可以着手调整他的方法，并通过以下方式有效地解决与奥斯汀的冲突：

- 口头承诺他们同属一个团队，而且这种辩论并不意味着对奥斯汀不信任或不喜欢奥斯汀；
- 允许奥斯汀采用头脑风暴的方式寻找新的解决方案，而不是立即否定这些方案；
- 让讨论更加开放，直到需要推进具体的实施步骤；
- 使用更积极的语言，而非纯粹直接的、刻板的说辞。

5

成为更优秀的领导者

运用人格画像构建团队

Predicting Personality

第18章

了解你团队的动态

像其他数百万观众一样,《办公室》(The Office)也是我最喜欢的电视剧之一。这部剧已经播出了九季,演员们塑造的一个个角色令无数观众如醉如痴,以至于这些人物好像真实存在,而非虚构出来的。谁能预料到一部以办公室的普通工作日为主题的电视剧能够在如此长的一段时间里吸粉无数和受欢迎呢?

这部剧的亮点在于其呈现出的反差。剧中的场景表面上单调、毫无特色,但在米色的办公室围墙后面,编剧们写出了一个个丰富、深刻、富有戏剧性的故事。故事发生在 Dunder-Mifflin 纸品公司斯克兰顿分公司,虽然该公司是大多数人都不看好的夕阳产业中的一家普通公司,但公司中有性格多样、充满活力的人和错综复杂的人际关系,这就是这部剧可以连续播出八年的原因。

如果从人格图谱的角度来看这部剧,我们就会很清楚为什么编剧们总能找到故事情节的转折点。

迈克尔,自诩为"世界上最好的老板",是一个不受欢迎的拥有推动者(I)型人格的人物。他头脑糊涂,有想象力,巧舌如簧,有时对传统和规则不屑一顾。因此,他的领导风格往往是不可预测的。他爱走极端,其工作环境也比正常的工作场所要混乱得多。每一集都是一次冒险。

剧中的其他角色都可以在人格图谱中找到他们相应的位置，从安迪（"推动者"）、凯利（"鼓励者"）等其他高度情绪化和外向的 I 型人格，到奥斯卡（"编辑者"）和安杰拉（"分析者"）等更坚毅和独立的 C 型人格，如表 18-1 所示。这些角色似乎都是专门为冲突而设计的。每当出现新情况，每个角色都会有独特的反应，通常都会与其他角色形成鲜明的对比。这种内在的、潜在的冲突一直推动着剧情向前发展。每个新场景都会带来尴尬、沮丧以及需要应对的新挑战。这部剧很有趣，同时包含了对人类行为和人际关系的深刻见解。

表 18-1 　　　　　　　　　　　　《办公室》中各人物的人格类型

人物	优点	盲点
迈克尔：推动者	精力充沛，热情，有远见，感情细腻，必要时很有说服力	渴望得到关注，冲动，行为不可预测，有时霸道
吉姆：影响者	迷人，有魅力，头脑灵活，有创意，讨人喜欢	可能过于尖刻，以牺牲他人为代价开玩笑，有时不专心工作，在压力下易分心
帕姆：顾问	忠诚，外向，友好，乐于助人	有时缺乏自信，不确定自己想要什么，有目标却难以确定实现目标的流程
德怀特：怀疑者	勤奋，逻辑性强，争强好胜，一直寻求进步	有时过于认真，缺乏激情，不信任他人，为追求真相和秩序而将他人置于危险境地
安杰拉：分析者	一丝不苟，有条有理，自我克制，善于创建结构和流程	不灵活，不愿适应他人，对信息保密，对不准确和效率低下持批评态度
菲莉斯：支持者	在冲突中持中立态度，善于合作，情感细腻，值得信赖	压力之下可能会变得消极和有攻击性，有时允许他人利用她的善良
斯坦利：稳定者	稳定，可信赖，适应现有的组织架构、传统和惯例	拒绝变化，当他人敦促他采取行动时会做出反应，优先考虑工作的稳定性而不是改善绩效或建立关系
凯文：协调者	随和，乐于助人，友好，善于合作	通常等待他人采取行动而非主动出击，忽略细节，工作节奏慢
奥斯卡：编辑者	细节导向，公正，在冲突中能保持客观，可靠	会因差错感到压力，有时候当他人出现失误或标准较低时会瞧不起他们，对担任领导角色患得患失，即使他能胜任

续前表

人物	优点	盲点
凯莉：鼓励者	友好，开朗，态度积极，热情，有魅力	情绪波动大，对他人对她的看法非常敏感
瑞安：驱动者	驱动力强，雄心勃勃，目标导向，非常自信，根据需要采取行动	对他人情绪变化不太敏感，有时不愿认错，自我为中心，爱操控他人
托比：计划者	稳重，外向，容易满足，乐于合作	被动，有时过于宽容，以非对抗方式避免大多数冲突
克瑞德：发起者	动作敏捷，擅长即兴发挥，足智多谋，乐观积极	有时与现实脱节，为了得到他想要的东西而撒谎和美化事实，以另类和奇怪的方式行事
梅雷迪斯：发起者	容易看透，不可预测的，有趣，直率	有时不礼貌和鲁莽，即使是敏感的信息也会公开，有时看起来漫无目的，缺乏自制力
简：领导者	专注，注重结果，节奏快，自信，直率	为了得到她想要的东西，她可能会控制自己和过度紧张，控制欲强
大卫：创造者	务实，准确，对新变化持开放态度，能够客观地看待事物，喜欢了解情况的真实细节	严格控制信息，有时对某种情况下的情绪因素不敏感
安迪：推动者	思想开放，表达力强，善于表达，风趣，大胆，以行动为导向	对他人对自己的看法非常敏感，努力控制自己的情绪，冲动地做决定

《办公室》中人物的人格与现实如此吻合，以至于每位观众都可以将自己与剧中至少一种人格联系起来。当我们观察剧中那些虚构人物的日常生活时，我们一定多多少少地能够看到自己的一些影子。如果你没看过这部剧，你可以通过图 18–1 大概了解一下每个角色。

每个角色都很有立体感，这使他们变得更真实和可信。你认同其中之一，你也知道有人会认同他们。

图 18-1　电视剧《办公室》中人物角色的人格图谱

　　这部剧讲述了我们是多么地不同，但我们仍然可以在一起寻找生活的意义与和睦相处之道。从表面看，这些人唯一的共同点就是身处办公室（在这部戏开始时，很大程度上是这样的）。当剧中的这些人物的性格开始发生碰撞时，它会以我们凭直觉就能意识到的自然方式发生，因为我们在现实生活中都有过类似的经历。每位演员都扮演了一个特点鲜明的原型，都有自己特别明显的怪癖和缺点，而且在很多情况下，更极端的行为差异会导致不可避免的冲突。作为观众，我们总是看不够。

德怀特：一个高绩效者

　　以德怀特这个人物为例。他具有怀疑者（Cd）型人格，总是从冷冰冰的逻辑视角看待生活，并始终遵守规则，有时他宁愿放弃做那些自己能做出更好判断的事情来遵守和实施规则。他对自己在 Dunder-Mifflin 纸品公司的顶级销售人员身份并不太上心，却对自愿在斯科兰顿警察局担任警长助理（这个角色经常让镇上真正的警察感到懊恼）情有独钟。他渴望自主权，他严肃、认真的性格与迈克尔随心所欲、情绪化的性格形成了鲜明的对比。结果，两人经常出现冲突，德怀特坚持认为他可以做得更好，而迈克尔则无视德怀特那些意见。

德怀特在《办公室》全剧中的成长像一个案例，展现了一个胸怀大志、独立、高绩效的个人奉献者如何成为更有自我意识、更善于平衡各种关系的领导者。在最初几季中，德怀特痴迷于绩效和结果，并为此使出浑身解数。他是职场和个人生活中的成功人士，却总是带着一种怀疑、算计和与全世界为敌的态度待人接物。他有黑白分明的世界观，会认真看待每种情况，会迅速放弃做任何可能导致低效或浪费的事情。

他的认真也使他经常受到捉弄，也经常受到那位调皮捣蛋的、拥有影响者（Id）型人格的同事吉姆·哈尔伯特（Jim Halpert）的伤害。吉姆虽然对德怀特的销售能力钦佩有加，但也认为他太目中无人，而且有时会太过认真和冷漠。

多年来，吉姆总是捉弄他，德怀特对这些小伎俩已经习以为常。这种喜剧效果源于这两个角色之间巨大的人格差异。在德怀特眼里，吉姆不过是一个愣头愣脑的销售人员，除了凭感觉做事之外别无他长，而且总是想不劳而获。他经常幻想，在他接任分公司经理（这是他职业生涯的长期追求）后就立刻炒了吉姆的鱿鱼。

德怀特最初的傲慢和对自己观点的过分自信让他有了巨大的盲点，而吉姆则利用这些盲点来捉弄他。两人之间的这场争斗贯穿于全剧，而且看起来这场争斗永远无法平息。

德怀特与迈克尔和吉姆的关系似乎注定要出问题。拥有 C 型特质的人（有逻辑、一致性和刻板）怎么可能与拥有 I 型特质的人（富有表现力、直觉感强和灵活）很好地合作？

职场关系与私人关系不同，因为我们参与其中时选择往往少得多。你如果想保住一份工作，就需要学会和与你不同（有时甚至是完全不同）的人打交道。他们的性格、动机、目标和个人习惯可能看起来很奇怪，甚至是错误的，但你的成功通常取决于你如何调和这些差异并高效地工作。在《办公室》这部剧中，我们见证了德怀特在近十年间，从一个不成熟、攻击性强和傲慢的独行侠转变成了一位深谙人情世故和擅长合作的领导者。

在刚刚认识迈克尔时，德怀特想当然地认为，如果赋予他权威和权力，他一定知道如何比他的老板做得更好。大部分时间里，他都扮演着一个忠实助手的角色，但他又因迈克尔的领导风格和能力不足而对其持不尊重的态度。然而，当德怀特浪费了多次晋升机会时，他发现他的很多想法都是错误的，而且人并不是机器人，无法通过编程让他们服从。虽然他之前看到了迈克尔的 I 型人格的缺陷，如精力不集中等，却没有意识到 I 型人格的行为模式对领导者角色的重要性，如对各种想法持开放态度和态度积极等。当他打开了这些新的思维方式后，他似乎变了一个人：他更有活力了，会从多角度看人和思考问题，而且不再被自己的盲点所束缚。

同样，迈克尔也从他与德怀特的工作关系中受益匪浅。虽然他经常对这位助手有条理的生活方式嗤之以鼻，但德怀特的执着、客观、独立和责任感使办公室中的其他人没有受到迈克尔破坏性极强的冲动的伤害。如果没有德怀特的务实、脚踏实地，迈克尔可能会造成任何人都无法忍受的混乱，而且整个分公司可能早就瘫痪了（现实恰恰相反，该公司是业绩最好的分公司之一）。经过多年的合作、考验以及各种冲突，他们建立起了亲密和忠诚的关系，这使他们都变得更好。

德怀特的转变在他与平级的关系上也表现得很明显，尤其是在他与吉姆的关系上。虽然他们之间的争斗持续了很长时间，但德怀特与吉姆的妻子帕姆结成了一个不太可能的同盟，而帕姆也在 Dunder-Mifflin 制品公司工作。帕姆拥有顾问

（Si）型人格，因此她在感知他人的所思所想方面能力过人。多年来，她每天都在德怀特身边工作，对德怀特的行为方式了如指掌，甚至超过了德怀特对自己的了解。正因为如此，帕姆能够为德怀特提供有用的、有时是秘密的帮助，以帮助他解决与人有关的问题，甚至是情感问题。在这份令人惊诧的友情中，帕姆能够软化德怀特过于粗糙的棱角，并帮助他展现出他温和与富有同情心的一面。

也许"富有同情心"这个词可能有些不合适，甚至有些过头，德怀特仍是一个拥有怀疑者（Cd）型人格的人，他专注于执行他的计划，以提高工作效率。到剧终时，他的核心特质仍很明显，但他在与人互动的方式上已大不相同了。尽管他与吉姆还是会经常吵架，但他们慢慢地（非常缓慢地）开始相互尊重，并逐渐重视他们的关系。有一次，德怀特还挺身而出，用胡椒喷雾保护吉姆不受攻击者（帕姆的前男友）的伤害，他用 C 型人格的正义感描述了自己的勇敢行为。

> 吉姆：嘿，伙计，上次罗伊想要伤害我时，多亏你的及时帮助。我一直没有找到机会感谢你。谢谢你！
>
> 德怀特：不用谢。看见有人胡来，我是不会袖手旁观的。
>
> 吉姆：你说得对。我为你准备了个小礼物。
>
> 德怀特：别这样！
>
> 吉姆：你还不知道它是什么呢。
>
> 德怀特：真的不用了，我不需要它！这是我应该做的。

能够使人们独立且高效工作的极端人格特质通常与能够帮助他们建立管理团队所需的关系和长久信任的特质大不相同。我们都有盲点，如果我们没有意识到它们，它们可能就会影响我们充分发挥潜力。德怀特的故事为那些希望成为领导者的高绩效个人带来了启示。将你的盲点暴露在聚光灯下，并让他人给你反馈是一个艰难且折磨人的过程。德怀特没有刻意坚持自力更生和独立性，而是决定与他人交往，并随着时间的推移建立起真正的关系。

并不是所有高绩效人士都能像年轻的德怀特一样严谨、干劲十足和有计划地做事，但是我们都有一些对作为员工（而不是管理者）的我们更有帮助的特质。与其假设一个团队会追随办公室中最聪明、最有效率或最努力工作的人，倒不如说我们更需要一种更细致入微的领导方法。有了精准的人格画像，我们就有了一种与我们的团队共情，并创造出一种其他人想要融入的文化的方法。

第19章

不同人格类型的人如何相处

要想有效领导和做出明智的管理决策，你就需要了解一些关系动力学的基本知识。没有人生活在真空中。你生活在一个充满个性、合作和动态关系的不稳定且不断变化的环境中，尤其是你的工作需要与其他人合作。当你使用人格评估和AI技术去了解人与人之间的自然动态时，可能会出现令人意想不到的事情。

通常，了解你与他人的关系需要经过多年的观察。了解两个人如何应对合作、压力和冲突需要很长时间，也需要经历很多事情。毋庸置疑，我们需要与他人建立长期信任的关系，而且健康和不健康的关系中都有很多变量。然而，人格差异会产生重要的影响，如果你了解了这些差异背后的理论，就可以加速建立长期信任关系。

如果每种关系都是一部电影，那么当你看着情节慢慢展开时，性格就是背景音乐。音乐能够告诉你剧中人物的对话背后发生了什么，帮助你了解正在上演的情感游戏，并预测接下来会发生什么。如果没有音乐，你虽然仍能够理解这些故事，但要真正理解人物的感受就需要很长时间。

简而言之，我们通常将这些人际关系动态称为"化学反应"。在本章中，你将有机会了解人格图谱如何帮助你理解不同人格类型之间的"化学反应"，以及如何将这些知识应用于更重要的人际关系中。

如何运用人格图谱解读人际关系

在没有任何可参考信息的情况下管理你的人际关系网络是很有挑战性的。有了人格图谱，你就能了解任何两个人之间潜在的关系动态，并以一个可衡量的基础而不是自己的观察开展工作。你只需要了解每个人在人格图谱上的位置，并搞清楚当他们共事时，他们的差异性（相似性）如何发挥作用。

垂直距离：两个人如何自然合作

在人格图谱上，我们需要了解的第一个维度是合作，它能够最直接地反映出两个人在一起高效工作的难易程度。这由他们在图谱上所处位置之间的垂直距离表示，如图 19–1 所示。

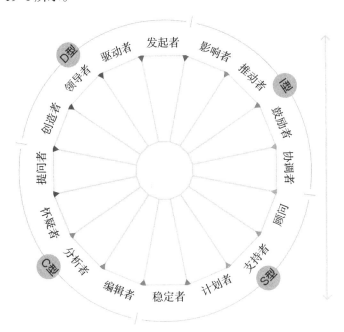

图 19–1　显示垂直距离的人格图谱

位于人格图谱顶部的人更喜欢掌控局面和为他人指明方向，而位于图谱底部的人往往更愿意听从指示、支持他人和随遇而安。

所以，在人格图谱上，两个人之间的垂直距离越远，他们就越容易合作。位于更上方的原型通常在感受到足够的控制权和权威时最舒适，而位于更下方的原型在做出反应和适应他人的指导时最自在。

请注意，我们在谈到人格原型时会说"顶部 / 更上方 / 更高"和"底部 / 更下方"，但这仅仅是一种描述图谱上每个点的位置的方式，并不意味着一种原型比另一种更好或更差——每种原型都有其优势和盲点，并表现出一些独特的东西。

当两个人在人格图谱上的高低位置相似时，他们在合作时可能需要付出更多的努力，而且他们可能需要做出调整才能有效果。

当两个人都位于人格图谱的上半部分时可能会出现冲突控制，如图 19–2 所示。

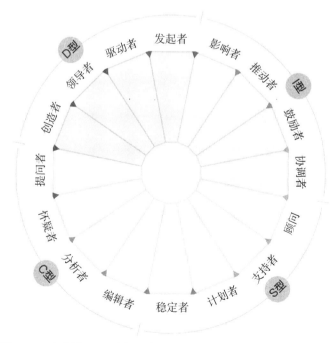

图 19–2　突出显示 D 型和 I 型区域的人格图谱，它显示了冲突控制

在这种情况下，两个人可能都觉得为对方提供指导是让自己感到最舒适的，但这可能引发新的问题：一方无意中将自己的意愿强加给另一方，而引起怨气和紧张。如果不加以控制，这类冲突就可能演变成全面纷争。

为避免冲突控制，两个位于人格图谱上方的人必须设定清晰的权力边界并严格遵守。格雷格和我就属于这种组合，我们需要不断就我们的边界划分进行协商，以使我们高效地合作（我们将在本章的后面详细讨论我们的人格差异）。

另一方面，当两个人都位于人格图谱的下半部分时，可能会出现控制的真空地带，如图 19-3 所示。

图 19-3　突出 C 型和 S 型区域的人格图谱，显示了控制的真空地带

这种人际关系动态可能看起来与前一种相似，但其结果却可能完全不同。这两个人可能都会向对方寻求指导，并重视对方的权威和权力，而不是争夺控制

权。当发生这种情况时，他们可能又会出现新的问题：他们可能会因为需要做出重大决策而感到焦虑，或者以一种过分谨慎的方式工作。

控制真空不太可能导致激烈的争论，但它同样会降低工作效率。要想避免这种情况的发生，两个位于人格图谱中较低位置的人可能就需要在特定项目中确定（并轮换）领导角色，以便一个人在任何特定时刻都是领导者，但他不会每次都被迫离开他的"舒适区"。

水平距离：两个人如何自然互动

在人格图谱上，我们需要了解的第二个维度是互动，它能够最直接地反映出两个人之间沟通和建立信任关系的难易程度。这由他们在人格图谱上所处位置之间的水平距离表示，如图 19-4 所示。

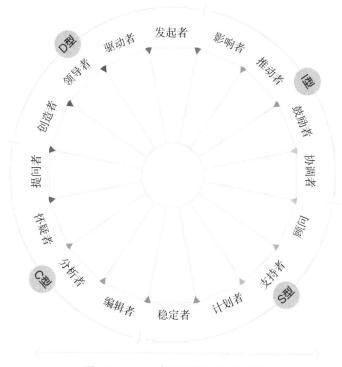

图 19-4　显示水平距离的人格图谱

位于人格图谱左侧的人更喜欢在人际关系中保持独立性和距离感。他们可能更多疑，喜欢随着时间的推移慢慢地与他人建立信任关系。而位于人格图谱右侧的人更容易与他人建立信任关系，他们通常会给对方留下热情、开朗的印象，而且当他们遇到新朋友时，可能会优先建立情感联系。

就人际关系而言，这与合作维度相比略有不同。在这种情况下，两个人在人格图谱上的水平位置越近，他们就越容易互动。

当两个人都位于人格图谱上的同一水平面时，他们都会在人际关系中感到舒适，如图 19-5 所示。

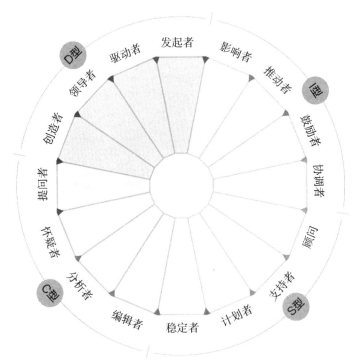

图 19-5　突出显示 D 和 C 区域的人格图谱，显示了人际舒适度

位于人格图谱左侧的原型可以使对话更加正式，而右侧的原型则可能以随意、优雅的态度进行对话，以建立和谐的关系。

当两个人位于人格图谱的两端时可能会产生人际关系间的阻力，如图 19–6
所示。

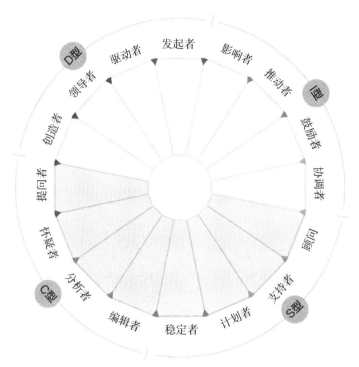

图 19–6　突出 C 和 S 区域的人格图谱，显示了人际关系间的阻力

这并不意味着他们的关系一定会有摩擦。事实上，处于互动维度相反方向的
人是可以互补的。然而，这确实意味着即使他们说的是用一种语言，他们表达自
己的方式也会大相径庭。

在一段关系中，当一方期待另一方以与他们相同的方式沟通时就会出现阻
力。如果我是一个温暖的人，乐于分享温暖的故事和人际关系，我可能就会认为
位于人格图谱左侧的人冷漠或者有意与他人保持距离。我可以将他们的严肃认真
视为他们不喜欢我的信号，即使这并非他们的本意。

同样，如果我位于人格图谱的左侧，而且我十分看重自己的独立性，我可能就会认为位于图谱右侧的人不诚实、傲慢或者好管闲事；而实际上，他们可能只是为了更好地了解我而问了我一些私人问题。

用人格图谱管理冲突和抵抗

虽然有些性格组合需要比其他组合付出更多的努力，但它们都可以变成健康的工作关系。

例如，格雷格和我的性格组合可能对我们的工作不利。我拥有影响者（Id）型人格，而他拥有创造者（Dc）型人格，所以我们很可能会遭遇控制冲突和人际关系阻力的双重打击，如图 19–7 所示。

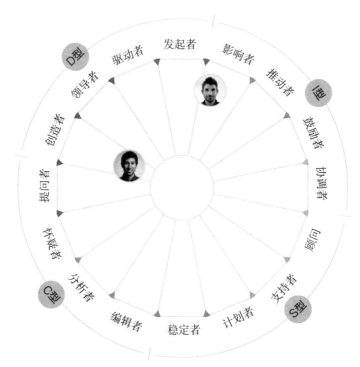

图 19–7　格雷格（影响者）和德鲁（创造者）在人格图谱上的相对位置

然而，多年来，我们却成功地建立起了一种富有成效、相互信任和非常宝贵的关系。我们的人格差异那么大，这怎么可能呢？

这又一次归因于共情。

我是一个非线性思考者，也就是说，我的大脑通过不断地进行思维实验，将那些看起来并不总是相连的点连接起来，从而找到解决方案。这意味着，新想法不知道会从哪里冒出来。我花了很多时间探索未知领域，寻找令人兴奋的新概念。结果，我的想法并不总是理性的（通常都不是理性的），也不总是好的。

不过，有了这种碎片化的想象，我偶尔也会冒出一些独特且颇有价值的想法。我也不介意向他人传递这些想法，并说服他们听我的。从过往的经验看，始终困扰我的问题是如何将最好的想法与那些令人兴奋的概念区分开。如果不解决这个问题，我可能就会浪费很多时间去追求那些与现实相距甚远的项目和计划。

作为一个线性思考者，格雷格的思考方式非常不同。他的条理性和系统性都很强，并以结果为导向。这使他成了一位非常高效的管理者，因为他能够使员工各负其责，确保工作进展顺利，并且很少有失误。

然而，他对结果的执着也会让他错失一些机会。新想法通常都是模糊的，而且都无法立竿见影。如果任由格雷格做下去，他很可能会扼杀那些低效（但可能很有用）的想法，以避免浪费时间和资源。

除了这些巨大的差异，我们都位于人格图谱最顶部，只有对自己的工作有高度控制感时才会感到舒适。你可以看出我们在哪里最容易发生冲突吗？

请相信我，确实如此。尽管我们在性格上存在这种自然的冲突，但我们已经认识到并很好地弥补了彼此的盲点。例如，当我有了一个新想法时，格雷格有充分的权力在鸡蛋里挑骨头；我偏向于乐观，所以我需要在所有事情成真之前，请格雷格用他的实用主义标准进行衡量。

有时候，当我们的讨论需要少一些批判性、多一些探索性时，我们就会召集一次头脑风暴会议；有时候，我们会以对事实、可行性和潜在假设展开的激烈辩论结束会议。但通常情况下，我们最终都会得到一个更好、更完美的想法。

这些持续不断的争执让我们都变得更好了，我们也因此建立了长期信任的基础。如果像我和格雷格这样两个性格如此极端、容易发生冲突的人都能和平相处，那么任何人都可以。

第 20 章

在整个团队中创造"化学反应"

如果一对一的关系表面之下有这么多丰富的内容，那么想象一下，一群人的关系会变得多么复杂。面对如此多相互冲突的人格和相互竞争的动机，团队成员如果能确定一个共同的目标，并朝着这个目标前进，那就将是一个奇迹。

我们在公司里工作、在社区里生活，像家人一样团结在一起。团队动力在社会生活和职业生涯的各个方面都发挥着作用，所以花时间去了解团队是如何工作的是一件非常值得你认真做的事情。你也可以继续我行我素或者原地不动。这一切都取决于你。

为何管理团队如此之难

软件工程中有一个名为布鲁克斯法则（Brooks's Law）的定律，它通常被称为"人月神话"（Mythical Man-Month）。这个定律表明，为项目配备更多的人员实际上会导致项目需要更长的时间才能完成。

这违背了常识逻辑。如果一个有两位工程师的项目可以用八周时间完成，那么有四位工程师不应该只用一半时间就可以完成吗？

如果你曾经参与过产品开发，你就会知道这个问题的答案明显是"不是"。尽管原因有很多，但根本原因与关于团队内部沟通的一个数学问题有关。

团队内部沟通的公式是：

$$n（n–1）/2=x$$

在这个公式中，n 是团队成员的数量，x 是该团队中沟通渠道的数量。

现在让我们用上述例子中的两位工程师代入，可得出：

$$2×（2–1）/2=1$$

如果是两个人的团队，你只需管理一条沟通渠道，如图 20–1 所示。这是最简单的团队，因为团队中的每个人都对团队中的所有沟通了如指掌。没有什么事情会被遗漏，没有人会感到被忽视，也没有人会在背后议论。

图 20–1　在两人团队中有一条沟通渠道需要管理

当我们有四位工程师时会发生什么呢？

$$4×（4–1）/2=6$$

哇！这个团队中多了两个人，实际上多了五条沟通渠道，如图 20–2 所示。这是五种需要管理的关系、五种沟通不畅的可能，以及五种需要自我反省的机会。

此外，现在团队中的每个人都有多条沟通渠道，但它们都默认被切断了，如图 20–2 所示。工程师 A 非常了解他与工程师 B 和工程师 C 的互动，但不知道工程师 B 和工程师 C 在说什么。为了获得这些信息，他需要放下正在做的事情去问他们，并且依靠其他人准确地传递这些信息。

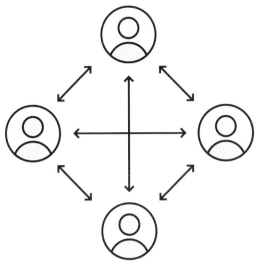

图 20-2　在四人团队中有六条沟通渠道需要管理

现在，你应该能够明白为什么这个项目的完成时间无法从八周缩短至四周了吧。事实上，这个项目很可能超过八周才能完成。

下面让我们看看当这个团队有 10 位工程师时会发生什么。

$$10 \times (10-1)/2 = 45$$

有了 10 位工程师，这个团队就有了 45 条沟通渠道，如图 20-3 所示。即使是最聪明、最有条理、最有魅力的管理者也无法在应对这种工作量时行事周全。

拥有 45 条沟通渠道即使是不可避免的，也可能会出现问题。然而，如果你了解人格差异如何影响团队动力，你就能发现这些问题将在哪里出现，无论是在软件团队中、董事会会议上，还是在晚宴席上。

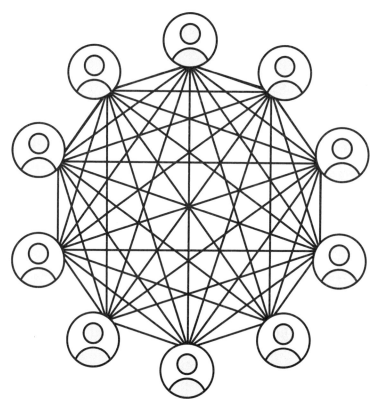

图 20-3　在 10 人团队中，有 45 条沟通渠道需要管理

了解团队内部的复杂关系

人格差异在人群中均匀分布，我们认为这表明了一些重要的事情：为了生存，我们需要平衡关系。

人无完人。我们需要具有不同优势的人来弥补我们的不足。如果我们只与那些与我们想法一致的人打交道，我们的不足就可能会越来越多，最终走向失败。百家争鸣才能孕育出思想之美。一个健康的、能够发挥作用的团队深谙如何保持人与人之间的平衡，并利用人与人之间的差异。

　　我家有四个孩子，我排行老大。达戈斯蒂诺家族是一个人格成长的熔炉，如图 20-4 所示。

图 20-4　达戈斯蒂诺家族的人格图谱

　　只要你快速浏览一下图 20-4，你就会明白以下这四件重要的事情。

　　第一，作为一个群体，达戈斯蒂诺家族的成员大多数聚集在人格图谱的上半部。这意味着我们家大多数人都比较外向，既重视决策的权威，也重视对环境的控制。这会产生很多控制冲突，这种冲突经常在公开的口头辩论时发生。

　　第二，我的弟弟埃文单独位于左下部，这意味着他无疑是我们之中最有逻辑和分析能力的一个。当家里的其他人在晚餐时大声说出他们对政局的最新观点或讲一些糟糕的笑话时，他只是坐在旁边静静地看着，满足他对意大利面、肉丸和安静的好奇心。

第三，我的哥哥乔希和我的母亲稳固地位于人格图谱的右侧，所以他们之间的关系更灵活、更开放。他们经常聊天，善于用语言表达情感。

第四，我的妹妹乔安娜和我的父亲位于人格图谱的左侧，他们的距离非常近。他们相互尊重，在沟通时虽然直言不讳，但他们都不会因此感受到被冒犯。

我的家人都对这些了如指掌，因为我们大部分时间都在一起生活。当我们第一次将每位成员都置于人格图谱上并讨论结果时，这提供了一种描述我们多年来一直感受到的潜在动力，并回答多年来一直困扰着我们的问题的方式。当然，我们之间也存在各种冲突，但现在我们拥有了以客观、非对抗性的方式来解决问题的方式。

第 21 章

成为共情驱动的领导者

每个人都会面对错综复杂的关系、相互竞争的刺激以及一些预想不到的情况，这使与团队合作（或与家人互动）变得很困难。然而，当你需要对整个团队负责时，情况就完全不同了，这需要一些特殊的技能。

当然，有效的领导涉及很多方面。大部分领导智慧都是人们经过数百年的潜心研究和探索总结出来的，现在它们已经变成了各种指南，你只要点击鼠标即可获得。然而，大多数领导者仍在苦苦挣扎，很多人仍无法留住他们的团队成员（我想起了"员工不是辞职，而是炒老板"这句话）。这是因为人是复杂的，标准化的建议是不够的。真正优秀的领导者不仅能够汲取广泛的、经过验证的管理智慧，而且能够灵活地将它们应用于管理团队的动力。

人格差异往往是这些动力的驱动力量。在高压环境中，这些差异可能会造成关系裂痕、错位和不可预测性。为了成功地管理团队，领导者必须首先从他们自己开始，了解团队中每位成员的优势、盲点和动机。

HubSpot 公司的创始人布赖恩·哈利根（Brian Halligan）和达麦什·沙赫（Dharmesh Shah）分别担任公司的首席执行官和首席技术官。该公司拥有超过 56 000 位客户、2000 名员工，年收入超过 5 亿美元。自 2014 年上市以来，

HubSpot 公司的股价已经上涨了超过 500%。无论用任何商业标准衡量，他们都是成功的领导者。

然而，他们的领导风格却截然不同。哈利根是一个直言不讳、充满活力的冒险家，他经常打破常规，曾经花 190 万美元买了感恩而死（Grateful Dead）乐队的一把吉他。达麦什自认为性格内向，讨厌闲聊，总是故意不接电话，每天沉迷于写代码。如果有一个所谓的领导者人格标准，那么这两个人足以证明这个标准是错误的。

任何层级的领导者的工作都很艰难。对于一家正在快速成长的公司而言，这就像你的飞机已经准备在跑道上滑行了，却还未全部组装好。你需要用有限的信息做出重大决策、建造一个真正能起飞的机器、确保油箱里有足够的油，并祈祷在你冲出跑道之前能成功起飞。每个问题看起来都与之前的不一样，需要不同的技能来解决，所以领导团队需要参照整个人格图谱改变他们的行为方式。这就是说，一位单打独斗的领导者会觉得他需要同时扮演许多不同的角色，如机长、机械师和领航员等。另一方面，两个人可以互补，所以他们更有可能顺利起飞。

领导一个团队或整个组织可能是一项令人沮丧的复杂工作。幸运的是，HubSpot 公司的两位创始人与我们分享了他们的方法。虽然这不是一个模板，但其中提到了一些关键的基本原则，而这些原则正是人格 AI 可以帮助我们执行的。

2013 年，达麦什·沙赫以幻灯片的形式发表了一篇题为《HubSpot 公司的文化密码》（*The HubSpot Culture Code*）的文章，深入浅出地解释了该公司的理念以及团队是如何合作的。他强调了他的核心理念："文化不仅有助于吸引优秀的人才，而且会帮助他们把工作做到最好。"在 2018 年进行的修订中，他增加了一项核心价值——同理心。

将同理心置于企业文化的中心，是因为达麦什和布赖恩设定了这样的期望：他们的团队不仅要站在他人的角度看问题，还要站在那个人的角度解决问题。这意味着他们不仅要了解客户的真实需求和动机，而且要雇用能够站在他人角度看问题的人。

我们能够从公司的股价、爆炸式增长以及一直被评为美国最佳工作地点看出，这种方式为 HubSpot 公司创造了巨大的价值。以同理心领导需要有意识的计划和专注。虽然它并不是最方便的互动方式，也不是短期内最具成本效益的方式，但使用人格数据使其更能在领导者的日常工作中发挥作用。

了解你自己的领导风格

通过阅读之前几章的内容，你可能已经了解了自己的优势和盲点。在任何一个领导岗位上，这些优势和盲点都会被放大。你的行为会对其他所有人产生或大或小的影响，因此那些你作为个体工作者可以解决的问题可能会迅速变成大的、棘手的、危及使命的冲突。

人格洞察能够帮助你避免这类冲突的爆发。更常见的是，他们可以帮助你快速处理每天都会遇到的一些小冲突，而这些小冲突可能会演变成大冲突。它可能是一位团队成员对另一位团队成员带有攻击性的评论，或者是他们反复要求灵活的工作时间，或者当你问他们工作进展如何时，他们只是回答"还行"。快速获得准确的人格数据和实时建议可以帮助你在这些情况下做出正确的反应。

你首先需要做一些准备工作。在你尝试了解团队成员的人格倾向、使用评估法和 AI 等强大的工具来改善他们的表现之前，你需要对自己的人格进行准确的评估。

这种程度的自我认知会让你与团队的互动更有效，因为这需要你从诚实的角度出发。诚实地面对自己的不足，你就可以开放、有同理心地对待你的团队成员，而不是一味地提要求甚至指责。这可以创造一种客观、融洽的氛围，在这种氛围下，每一方都可以自由地讨论他们对自己的表现、任务和责任的真实感受。

在进行领导力自我评估时，我们将再次使用人格图谱。每种原型都有非常不同的领导风格（如表 21-1 所示），这将影响团队结构、时间预期、沟通偏好和整体文化等。通过了解你本来的风格，你可以预测你的团队成员如何看待你，并确定你可能需要平衡哪些方面。

表 21-1 | 每种人格类型的领导风格

原型	领导风格
D 型：创造者、领导者、驱动者、发起者	• 渴望掌控并提供明确的方向 • 倾向于用艰巨的任务和高期望挑战他人 • 提出聚焦于最终结果的高级别指示 • 创造一个有竞争力的、充满活力的工作环境
I 型：影响者、鼓励者、推动者、调和者	• 创造一个轻松的、友好的工作环境 • 专注于用对未来的大胆愿景激励他人 • 通过小组会议，以口头形式轻松地传达重要信息 • 给予他人独立解决问题的自主权
S 型：顾问、支持者、计划者、稳定者	• 以身作则 • 创造一个平和、安静的工作环境 • 期望团队成员稳定、可靠和合作 • 通过一对一的教练和指导，专注于培养团队成员
C 型：编辑者、分析者、怀疑者、提问者	• 以书面形式更轻松地发布重要消息 • 专注于制定规则和流程，让他人遵循 • 期望团队成员根据逻辑和支持数据做出决策 • 提供详细、具体的说明以解决问题

你可以开始地将你作为领导者的优势写进你的简历，让更多的人了解你，但了解你的自然原型的真正价值在于暴露你的盲点。

你的团队成员可能已经可以准确地描述你的领导风格，但你可能还不知道。你千万不能指望那些依靠你获得薪水的人对你做到知无不言、言无不尽，他们可能会向其朋友抱怨你的盲点，但他们不太可能冒着冒犯你的风险、在一对一的会面中与你分享。

这是人格 AI 和更广泛的人格数据赋予作为领导者的你不公平优势的另一个地方。机器不容易受到情感的影响，也不容易受到指出你潜在盲点的风险的影响。它们会给你冷冰冰的、经过计算的结果，即使这些结果并不讨人喜欢。

作为领导者，你需要勇于面对和承认自己的盲点，如表 21–2 所示。人格 AI 会告诉你该怎样做。当你这样做的时候，你和你的团队之间就会变得更透明，你可以更轻松、更有效地与你的团队成员对话，探讨每个人如何更好地工作。

表 21–2　　　　　　　　　　每种人格类型的领导者的盲点

原型	领导者的盲点
D 型：创造者、领导者、驱动者、发起者	• 可能觉得工作环境过于有竞争性，人们争强好胜 • 可以立即解决与外部的口头冲突 • 工作节奏太快，以至于团队成员无法按他们自己的标准保质保量地完成任务 • 可能没有留出足够灵活的时间让团队成员相互了解并建立信任 • 可能在没有充分通知团队成员或提供足够的准备时间的情况下突然做出改变
I 型：影响者、鼓励者、推动者、协调者	• 可能无法保存完整的记录和文档供团队成员参考 • 可能对风险不够重视，不仔细考虑重大决策的成本和后果 • 可能没有为团队提供足够的时间来分析问题的细节，就直接跳转到解决方案 • 可能没有在问题变得明显前发现或找出潜在的问题 • 当需要抓住重点时，却带领团队成员同时追求多个目标
S 型：顾问、支持者、计划者、稳定者	• 可能过于宽容，而不是让团队成员对截止日期、质量和责任负责 • 可能只在需要更多怀疑和批评时看到人们最好的一面 • 当涉及一些利益相冲突的人时，做决策可能会很困难 • 可能允许将人际冲突隐藏起来，而不是直面它们 • 由于对风险的高度敏感，可能会使团队成员错过成长和提升的好机会
C 型：编辑者、分析者、怀疑者、提问者	• 团队成员可能感受不到情感上的联系 • 在需要立即采取行动时，可能鼓励团队花大量时间研究和收集信息 • 可能会忽略一项决策的情感和社会影响，即使它是合乎逻辑和实际的 • 在制定和实施规则方面可能过于严苛 • 可能会通过要求团队成员遵守既定标准，而不是给予他们灵活性来限制更具创造力的团队成员

如果你了解你的人格倾向将如何驱动你的行为，你就能够知道你可能会在哪些方面受到团队的抵制或回击。你应该让他们了解那些盲点，这样做可以避免不必要的压力、人际关系紧张和决策瘫痪。

帮助他人为成功做好准备

团队中的每个人都有其独特的愿望、动机和行为倾向。如前所述，一个由10人组成的团队中实际上是由45条需要管理的沟通渠道组成的，而且每条沟通渠道都有自己的特点。

虽然你无法理解一个由超过两个人组成的团队中发生的所有复杂的互动，但人格图谱可以告诉你如何让每位团队成员都实现成长，而不需要你事必躬亲。你需要知道每位成员相对于你、他们的同事、他们日常的工作和他们整体的工作环境的位置。

适应你的团队工作方式的偏好

假如你手下有一位拥有领导者（D）型人格的员工，她叫梅丽莎。她比大多数人都更有主见。她有竞争意识，雄心勃勃，还会时不时地激怒他人。由于你们有着相似的性格，因此你们可能都喜欢直奔主题，都乐于接受直接的反馈，甚至经常用尖锐的语言批评对方。然而，你的团队中可能也有拥有计划者（Sc）、顾问型（Si）人格和其他不那么争强好胜的人，他们非常讨厌这种直言不讳。如果你用领导梅丽莎的方式来领导他们，你可能就有麻烦了。

在这种情况下，了解某人的人格可以帮助你更明智地选择你的用词，而人格AI可以使这个过程自动化。使用Crystal，你可以查看一个人的工作风格偏好，以了解他如何更好地接受反馈、如何解决冲突以及如何与他人合作。

例如，表21-3显示的是像梅丽莎这样拥有领导者（D）型人格的人的行为偏好。

表 21-3	拥有领导者型人格的人的沟通偏好
活动类型	**沟通偏好**
会议	简短，直击要点，非必要不开会
电子邮件	邮件简短，正式，言简意赅
反馈	直截了当、有操作性，并聚焦于最重要的事实
冲突	客观、及时地解决冲突
团队合作	有一位有明确权限和高效划分职责的领导者

创造一个充满活力的工作环境

除了你与每个人一对一的关系之外，你的职责还可能延伸至他们被分配哪些工作、他们与谁合作以及他们在哪种文化中工作。拥有领导者（D）型人格的梅丽莎可能会因为某些事情而精力充沛或精疲力竭，但她的同事不一定是这样。如果你了解这一点，就可以将她放在一个最能发挥其优势的岗位上。

表 21-4 展示了能让拥有领导者（D）型人格的人充满活力的工作环境，而表 21-5 展示了令他们感到疲惫的工作环境。

表 21-4	让拥有领导者（D）型人格的人充满活力的工作环境	
上司	**同事**	**直接下属**
• 为他们的绩效设置了很高的期望值 • 推动他们不断进步 • 允许他们与他人竞争 • 给他们高度的自主权 • 给他们清晰、直接的反馈	• 用正式的语气与他们坦率地沟通 • 能够接受他们持不同意见，而不是在每一个决策上妥协 • 参与令人兴奋的、激烈的辩论 • 用注重细节的反馈来赞美他们高水平的见解 • 找到工作中的潜在问题	• 请求他们帮助扫清障碍，而不是一步一步地指导 • 工作有明确的目标并有独立实现这些目标的自主权 • 迅速说出担忧、延误和可能存在的问题 • 能独立制定解决方案并与团队分享 • 做决策时不受情绪影响

表 21–5　　　　　　　让拥有领导者（D）型人格的人感到疲惫的工作环境

上司	同事	直接下属
• 在提供指导或反馈时，语气过于消极 • 没有提供明确的目标和需要解决的问题 • 为他们制定严格的规章制度 • 在工作中不给你他们主权 • 优柔寡断或犹豫不决	• 花太多时间讨论想法和理论，而不是采取行动 • 避免冲突，让人际关系问题在表面下自由发展 • 在执行一个项目前需要过多的授权和支持 • 对批评性的反馈采取回避的态度 • 要求他们放慢工作节奏	• 花很长时间完成任务 • 每个决策都需要他们的批准，即使是很小的决策 • 提交冗长、内容过于详细而不是内容简洁的书面报告 • 过度依赖团队合作 • 更看重稳定和安全而不是进步

将"化学反应"应用到团队建设中

"企业文化"已经成了一个被过度使用的流行词，原因是它确实能给企业带来变化。如果团队能够齐心协力，可能就会产生 1+1>2 的效果。好的"化学反应"能够使团队成员超水平发挥。

当你从零开始创建一个团队或为现有团队物色新人选时，你可能会觉得这很难。虽然你可能已经进行了五六轮面试，但你仍然觉得自己在拿未来做赌注。

从统计学上看，你的担忧并非没有道理。2018 年，美国公司的平均员工流失率为 44.3%。在娱乐和酒店等留用率特别低的行业，每年的员工流失率超过 75%，而技术等高留用率行业的员工流失率约为 35%。德勤（Deloitte）公司在其 2018 年发表的一项研究中指出，43% 的千禧一代希望在两年内离职，超过 70% 的人希望在五年内离职。

好消息是，你可能有很多机会来提高生产力和降低与人员流动有关的成本。而坏消息是，大量关于跳槽文化的报告显示，能够长期存在且高效运转的团队非常罕见（而且越来越罕见）。但是有了人格 AI，你就可以用大量数据从容地面对这个挑战，并让你的团队因具备内在同理心而拥有不公平的优势。

在正确的时间选择正确的团队

正如人格图谱中没有"好"或"坏"的关系匹配一样，也没有好或坏的群体组合。每个群体都有其独特的活力，都有自身的利益和风险。

关键是要通过认真分析团队成员的性格来了解他们的利益和风险，然后确定他们的目标与你的总体目标相一致。让我们来看一些例子。

D 型主导的文化：压力锅

如果你处于一个竞争激烈、赢者通吃的行业，那么你可能就需要让你的团队朝着更具进攻性和主导性的方向发展。

你也许有必要创建一个更具竞争力的环境，在这样的环境中，人们可以要求卓越，可以公开挑战彼此以得到提升。为实现这样的目标，你需要请更多的拥有创造者、领导者、驱动者和发起者型人格的人加入你的团队，他们位于人格图谱的左上角，如图 21–1 所示。

你虽然可能会因拥有一个可以快速取得成果的高效团队而受益，但也有可能面临以下风险：

- 频繁的言语冲突；
- 对控制权的明争暗斗；
- 咄咄逼人、工作狂般的行为。

当团队更多的是由个人贡献者组成时，这种团队通常最有效，因为这些贡献者不一定需要经常相互协作或合作。

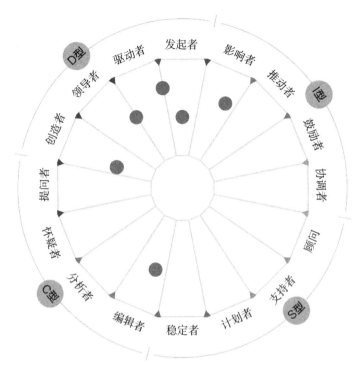

图 21-1   围绕 D 型人格进行聚类的人格图谱

I 型主导的文化：沙箱

一些行业和公司需要更有创意、更灵活的工作方式。在这种情况下，最好是增加一些拥有影响者、推动者、鼓励者和协调者型人格的人，他们位于人格图谱的右上角，如图 21-2 所示。

这类团队很有包容性，往往会很欢迎新人和新想法，成员们可能非常合作、开放和受情感驱动。

这类团队可能极具创新性，可能会设计出令人兴奋的革命性产品。同时，他们也会：

• 追逐"热点"，而不是专注于一件事并坚持到底；

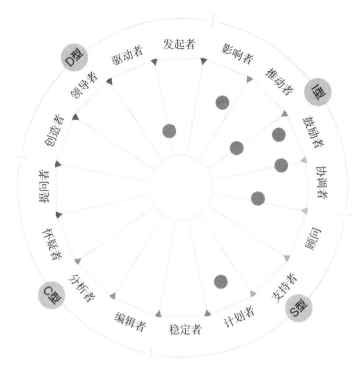

图 21-2　围绕 I 型人格聚类的人格图谱

- 未经充分研究论证就决定快速做出改变；
- 根据松散的规则和模糊的预期来运作，因此目标可能不明确，流程可能很混乱。

在需要勤勉、谨慎和精确的情况下，这类团队可能会遇到困难。但是，当你有能力承担大的风险，并探索未知领域而不是追求高效时，这类团队可能是比较理想的选择。

S 型主导的文化：庇护所

对一家已经建立起稳定的运行模式的成熟公司而言，选择拥有顾问、支持者、计划者和稳定者型人格的人来组建团队可能是有益的，如图 21-3 所示。

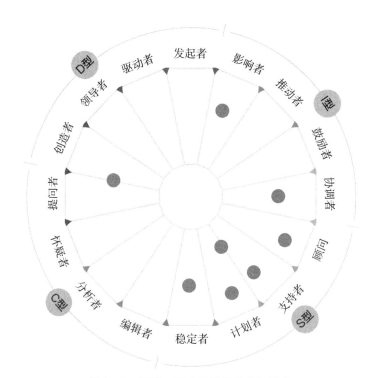

图 21-3　围绕 S 型人格聚类的人格图谱

这类团队总是将稳定性、可靠性和周全的计划放在首位。他们往往更看重合作，并尽量避免冲突或摇摆不定。

在一个成员大多为 S 型人格的团队中，他们不太可能仓促做出决策或对市场行情变化做出冲动的反应。同时，他们可能：

- 因决策过于缓慢而错失良机；
- 对替换表现不佳的团队成员犹豫不决；
- 因专注于维持现状而错过了创新。

这类团队组合最适合成熟的组织和市场，它们旨在保护已经形成的竞争优势，而不是频繁地推出新产品。

C 型主导的文化：实验室

如果你要营造一个超级严谨、高效务实的工作环境，在这种环境中，人们鼓励彼此对工作进行反复检查，以减少差错，那么你可能就会希望团队中有更多拥有怀疑者、分析者和编辑者型人格的人，如图 21-4 所示。

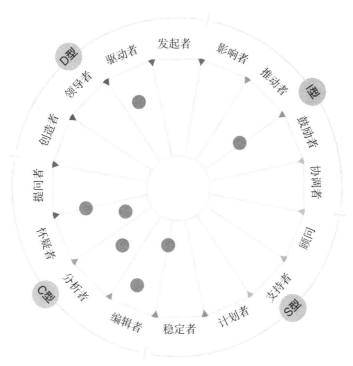

图 21-4　围绕 C 型人格聚类的人格图谱

一个以拥有 C 型人格的人为主的团队通常高度重视准确性和质量，可能会通过生产稳定、可靠的产品来保质保量地完成工作。例如，如果你想建造一座每天需要安全承载数千辆汽车和数千位行人的桥梁，那么你就需要大量拥有 S 型人格的人。

虽然你可以依靠这样一个团队去解决一些复杂问题，但他们可能会在遇到以下情况时感到力不从心：

- 为了降低风险而限制创新和创造力；
- 花更多的时间分析方案并延迟做出决策；
- 过于注重效率而忽视他人的情绪。

这类团队更适合应对严峻挑战，并厘清许多其他人可能错过的细节。

平衡的文化：熔炉

有时，你需要一个能够跨越风险与回报、大胆与谨慎的界限的团队。

无论是上市公司的董事会、国会的核心小组，还是一个小型团队，你都需要确保拥有不同人格类型的人的数量相对平衡，如图 21–5 所示。

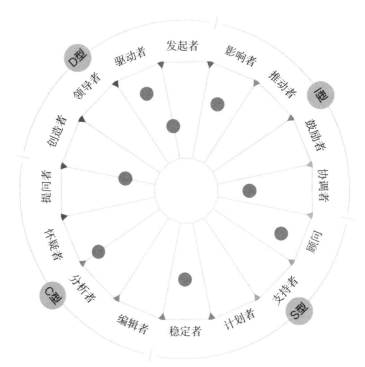

图 21–5　不同人格类型交融的人格图谱

与其在人格图谱上找到尽可能接近的人，不如找到能彼此平衡的人。如果你的团队中已经有了一位拥有领导者型人格的成员，那就需要有一位拥有支持者型人格的成员；如果已经有了一位拥有发起者型人格的成员，那就需要一位拥有稳定者型人格的成员。这些原型具有互补的特质，最终有助于你的团队做出更好、更明智的决策。

当然，平衡并不是解决团队合作中存在的所有挑战的万全之策。它是有风险的，就像其他任何团队一样，例如：

- 内部沟通不畅，有很多不同的风格在发挥作用；
- 团队成员之间的动机冲突；
- 具有强势的支配（D）型人格的人占据控制地位的冲动。

在一个平衡的团队中，领导者需要明确地表述文化规范和预期。有时候，团队需要采取 S 型人格那种谨慎态度，而在其他时候又要采取 D 型人格那种具有攻击性的行为。

弥补团队的缺陷

假如你有一位女性产品设计师，她拥有推动者型或者影响者型人格。她在就新设计理念开展头脑风暴式讨论、有创意地展示模型以及在设计一款新产品时以令人兴奋的方式突破极限等方面表现得十分出色。然而，当你的团队进入一个没有推出任何新产品，而正在对现有产品进行循序渐进的调整的阶段时会发生什么呢？这位产品设计师当然可以完成这项工作，但为此，她每天都需要做超出自己职责的事情。就性格而言，她渴望令人兴奋和有创造性的新工作。

当你遇到像这位产品设计师这样的情况时，你可能遇到了一个典型的两难困境：你的团队成员的性格与你想要实现的目标不匹配。在这种情况下，拥有支持者或分析者型人格的设计师可能更适合你的团队，因为他们擅长循序渐进的调整，而不是不断渴望提出大胆的新创意。

　　为了确定某个角色的最佳人格类型，我们使用了 Crystal 的角色调查工具。为了使用这个工具，团队领导者和成员们需要将一系列行为按照"重要""中性""不重要"的等级进行排序。每种行为都对应着一种特定的人格类型。例如，工作条理性强、关注细节最有可能与分析者型人格有关。一旦我们选定了对一个角色而言最重要和最不重要的行为，我们就能够使用 Crystal 来分析结果并确定一个建议的原型。然后，我们可以比较潜在候选人的人格原型和我们确定的理想的人格原型，看看它们是否匹配。

　　性格不应该是做出招聘决策的唯一因素，我们也不主张因为某人的性格与你所认为的某个角色最重要行为不一致而直接将其排除在外。然而，了解性格匹配或不匹配可以让你知道在面试中需要谈论的重要问题。例如，尽管一个人的人格类型使他天生就不关注细节，但也许他们已经认识到自己存在这个盲点，并刻意在工作中变得更加注重细节。

6

做出负责任的预测

正确、合乎道德地使用人格 AI

Predicting Personality

第 22 章

如何正确使用人格数据

在 2015 年我们推出首款产品后不久，这款产品就吸引了科技类媒体的关注。作为公司的首席执行官，我接受了所有我能接受的杂志、播客和广播节目的访问。我们围绕使用人格画像和共情的方法来改善沟通等话题进行了精彩而富有成效的对话，我们也尽我们所能地分享了 Crystal 的工作方式。能够向全世界的人们传递这些信息，并解释人格数据如何能够帮助人们在未来更紧密地联系在一起，的确是一件值得高兴的事。

然而，当我们看到一些带有情绪色彩的标题时也感到很惊讶。有些人认为我们的产品令人毛骨悚然，或者暗示我们的产品能知道他们的所思所想。这引起了我们的高度重视，我们意识到必须重新审视有些信息，因为显然有些人持怀疑态度。

尽管我们的产品使用的是已经存在了数千年的人格模型，而且只是根据公开的数据得出结论，但结果往往非常准确，以至于让人们感觉受到了侵犯。虽然我们的大多数用户都了解我们产品的功能，但那些不了解的人认为 Crystal 似乎以某种方式获得了人们的秘密，并将这些秘密提供给任何愿意向我们付费的人。一家公司如何才能获得如此精确且具有心理学意义的人格信息呢？

在那之后的几年里，公众对数据隐私和 AI 的讨论不断升温。在美国，Facebook 因允许私人公司剑桥分析（Cambridge Analytica）为政治活动分析数百万用户的数据而陷入争议。在欧洲，欧盟通过了一项名为《通用数据保护条例》（*The General Data Protection Regulation, GDPR*）的数据隐私法，要求所有处理欧盟公民个人数据的公司必须严格遵守数据处理和存储准则。侵犯这些数据所有人隐私权的公司将面临巨额罚款（最高可达 2000 万美元）。

当我们了解了人们对人格数据的疑虑和全球的监管趋势之后，我们决定将信任和透明度作为我们公司未来发展战略的关键支柱。我们知道，人格 AI 可以通过使人们顺畅沟通和建立新关系而为社会带来巨大的好处，但是如果我们不能正确地向人们解释它的工作原理，它可能就会被视为具有侵入性和操纵性，或正如那些文章指出的，令人毛骨悚然。

科幻小说与现实

大多数对人格 AI 的怀疑，至少在 Crystal 的例子中，来自对它究竟是什么的困惑。当人们在没有任何背景信息的情况下看到一份人格画像时，他们可能会漫无边际地推测——你的手臂中被植入了一个芯片，它会将你的一举一动、一言一行的数据不断地发送给想要监控你的人。

所幸事实并非如此。人格 AI 只是简单地读取一组现有数据，尝试理解这些数据的含义，并使用它们预测未来发生或不发生某事的可能性。为了了解这些限制，我们需要明确以下定义。

什么是人格 AI

关于人格 AI 是什么，你需要知道以下几点：

- 它是一项确定人们表现出某种行为倾向的可能性的技术。这项技术基于我们对具有相似评估反应、文本样本和其他特质的人的了解；

- 它是一种了解一个人沟通风格偏好的方法，以最大限度地增加他理解你的信息并参与对话的机会；
- 它是一种在人与人之间就他们的职场关系或个人关系展开讨论的有效方式；
- 它是一种用于理解一群人的整体行为动力的工具。

人格 AI 无法做到的事情

关于人格 AI 无法做到哪些事情，你需要知道以下几点：

- 除了可以从现有数据集的趋势中得出一般性结论之外，它无法了解关于一个人的任何事情；
- 它无法提供可以或应该作为绝对事实呈现的心理信息；
- 它不是一种强迫或操纵他人的工具；
- 它无法有效地替代提问和对他人更多信息的了解。

目前，尽管人格 AI 对可以实际生成的数据有技术限制，但用户仍然有责任以一种合乎道德、透明且合规的方式使用它所生成的数据。

敬畏数据隐私

像任何 AI 技术一样，人格 AI 是一个由数据驱动的引擎，它总是想要得到更多的数据。由于技术不关乎道德，因此它不在乎数据来自哪里、谁拥有它、它的质量多高或者谁会受到它的影响等问题。只有构建、训练和使用 AI 的人类才能决定哪些数据是可获得的，哪些数据是不应获得的。作为能够应用这项强大技术的专业人士，我们需要了解上述问题。

当我们训练 AI 并使用训练获得的结果做出一些决策时，我们需要区分匿名数据和个人数据。所以，我们同样需要树立一个强有力的、始终如一的数据所

有权理念，这样我们才能对应该保护、分析、发布和共享什么始终保持清醒的
认识。

匿名数据

虽然公共领域的大部分数据都来自某些人，但当你无法将某些个人数据与特
定的人联系起来时，我们就可以认为某个数据集是匿名的。正因为如此，匿名数
据不会对任何人造成负面影响，而且它们也没有像个人数据那样受到如此严格的
监管。

在 AI 的世界中，匿名数据被广泛运用于训练算法。例如，Crystal 使用一组
人格评估集成结果来理解人格特质是如何聚集在一起的（帮助我们识别出 16 种
人格原型，而不是无数随机行为）。这类训练数据并没有附加识别信息，因此可
以不受限制地进行分析和发布。

通过数百万种人格评估的反应，我们可以发现群体层面的一些倾向，如软件
工程师往往更有逻辑性，销售代表往往更具外倾性等，并用真实的数据来支持这
些观察结果。这使得我们可以持续改进人格 AI，以期在未来为终端用户提供更
精确的结果，并创造更多的价值。

个人数据

大多数关于数据隐私的规定都涉及个人数据。人们在网络上展示自己生活的
机会越来越多，他们通常都会对那些处理他们重要信息的公司给予极大的信任。
欧盟颁布的《通用数据保护条例》为这些公司提供了规则和指导方针。这部法律
将个人数据定义为任何指向一个已识别或可识别的自然人（数据主体）的信息。

可识别的自然人是指可以直接或间接被识别的人，特别是通过参照如
姓名、身份证号码、位置数据、在线身份识别等这些标识，或通过参照该
自然人一个或多个身体、生理、遗传、心理、经济、文化和社会身份的

要素。

由于人格 AI 是在个人层面上进行心理学方面的分析，因此它显然是在个人数据的范围内工作的。这些数据包括：

- 训练数据集，如人格评估结果和文本样本；
- 潜在的可识别特征，如职位、雇主、行业和地点；
- 用户提供的信息，如电子邮件、姓名、公司和行为特征等。

关于数据隐私的三条规则

设计一款像 Crystal 这样的产品已经让我们围绕数据建立了清晰的边界，这些边界既适用于我们的用户，也适用于他们分析的人。我们将这些边界总结成三条规则，这样我们的用户就能够清楚地理解驱动我们决策的核心理念。

清楚地说明个人数据的用途

简单地说，用户应该知道他们的数据被用来做什么。这条规则并不只适用于人格 AI，但由于我们是在一个涉及大量个人隐私的领域工作，这意味着我们的用户对他们提供的数据以及这些数据如何被使用特别关心。

仅使用你有权获得的数据

虽然算法对其分析的数据没有任何法律义务、道德标准或情感依恋，但现实中的人却有。

有些公开的信息是清晰、准确的，如某人撰写的文章，其公众性不言而喻，因此是可供收集和分析的。而有些信息显然是私密和受保护的，如某人的电子医疗档案或银行账户余额等。然而，在两个极端之间有大量的数据，我们需要更多的指导原则来理解可用和不可用之间的界限。我们以电子邮件的内容为例。

虽然电子邮件可能会受到版权法的保护，但收件人可以阅读并分析它的内容。很多公司已经开始通过整合电子邮件数据来进行研究，以了解其中的相关性，从而为如何进行更有效的销售活动提供参考。对我们而言，电子邮件对于预测发件人的人格类型非常有用，它有助于制定更个性化的沟通方案。

然而，阅读和分析电子邮件与将其内容公开是不同的。当我们根据电子邮件的文本样本产生关于人格的见解时，这意味着我们正在做出一些新的预测或创建派生数据，我们应该像对待普通的个人数据一样谨慎地对待这些数据。这就引出了下一条规则。

在争得同意的前提下发布数据

我们不仅要知道法律要求我们必须遵守哪些标准，而且要知道我们的客户希望我们对他们的数据坚持哪些标准。

正如我们所指出的，大量的个人数据可用于消费和再利用。目前很多公司都提供这种服务，它们将公共数据收集和整合起来，供那些需要丰富其客户数据并增强其产品竞争力的企业使用。

派生的个人数据（如个人档案）是一种不同类别的信息，特别是当它无法公开其来源时。由于人格 AI 会对人们做出预测，根据定义，它所做出的陈述有时是不准确的。这就是为什么你会在 Crystal 中发现很多限定语，如"这个人倾向于……"或"这个人很可能会……"

发布派生的个人数据的法律标准仍相对不明确，而且各国的标准也各不相同。在 Crystal 公司，我们采用的总体策略是，在未经个人同意的情况下不发布任何来自非公开个人数据的人格数据。

这有点拗口，但这意味着如果一份人格画像是由任何不公开的信息生成的，我们就会以处理原始数据的方式处理该画像。

避免偏差和过度拟合

即使数据是干净且合规的，它也仍然会受到影响其正确性的偏差的影响。在我们之前讨论过的大学校园里学生衬衫颜色的例子中，我们提到了不同类型的认知偏差，它们会导致我们对穿红色和蓝色衬衫的人产生错误的假设，包括：

- 抽样误差；
- 缺失的变量；
- 社会期望。

这些偏差可能会嵌入任何评估或 AI 中，导致有误导性的结果和不良结果。尽管任何人格 AI 平台的偏差都取决于开发者的方法和标准，但终端用户有责任以正确的方式使用这些见解。

与同事的相处之道

实践证明，人格 AI 在创造双向价值时是最有效的，这使它成了帮助人们在工作中实现更有效的合作和互动的强大工具。有了人格图谱和描述行为的通用语言，两个人就可以更好地理解对方、求同存异，并学会如何以正确的方式看待对方的优势和盲点。

然而，人们可能会在数据太少的情况下过早地利用人格数据对他人做出结论。这被称为过度拟合。

过度拟合一种人格类型类似于刻板印象，它听起来可能是下面这样的。

> "我以前与一位拥有推动者型人格的人共事过，但我们相处得并不好。所以，我再也不愿意与任何拥有推动者型人格的人共事了。"

> "上一位与我一起工作的同事拥有驱动者型人格，他经常在工作中骂人，所以我会以同样的方式与新来的拥有驱动者型人格的经理说话。"
>
> "别再成为一个拥有分析者型人格的人了！"

没有人愿意被如此笼统地描述，而且这会导致一些非常消极的后果，如糟糕的决定、伤害他人的感情，以及建立在一些错误假设上的叠加效应。

因此，将 DISC、人格图谱和其他人格框架视为一种描述行为的语言以及将人格 AI 视为了解他人的一种智能但仍不完美的方法是非常重要的。任何一个来自人格 AI 的见解都应被视为最佳猜测，直到它被现实世界中的经验所证实或否定。

与客户的互动之道

只有当对方清晰地听到你的信息时，沟通才有效。当你将人格 AI 用于销售或市场推广时，有效沟通就是你的目标。从根本上说，这是一个具有同理心和互利互惠的价值主张。

然而，第一次听说人格 AI 的人可能都会担心，它可能被用来强迫他们做一些他们不愿意做的事情。这种担忧远远超出了人格 AI 的范畴，延伸到了社交媒体、审查制度和更广泛的 AI 领域。虽然你可能了解技术的局限性和你的软件工具的良好意图，但你的客户可能并不了解。

除了遵守你所在国家的数据法规之外，能够向你的客户解释清楚你使用的是哪些技术和数据也很重要。以下是一些关于如何使用人格 AI 的指南。

- 根据客户要求提供源数据和结果，而不是隐瞒信息。
- 用人格洞察来开启对话和建立长期信任，而不是为了你的短期利益而迫使他人采取行动。
- 使用你手头的工具和最准确的方法，而不是最简便的方法，来预测一个人的性格。

- 以适当水平的不确定性陈述关于人格的洞察，而不是将每种洞察都视为未经验证的事实。
- 永远将人视为动态的、复杂的个体，而不能用过于简单的刻板印象去看待他们。

后 记

在充满猜疑的世界中与他人共情

我们已经介绍了人格 AI 如何帮助你加速你的职业成长、加强你现有的人际关系并建立新关系。我们进一步介绍了人格 AI 如何帮助你做出更好的工作决策、更有效地沟通、建立更高效的团队，以及成为更好的领导者。不过，我们几乎没有提到它在职场之外的应用。

随着技术在我们的生活中发挥着越来越大的作用，人与人之间将有更多的人为障碍，这就为真正的联系和信任关系制造了更多的障碍。事实上，虽然我们不能通过舍弃技术来面对这个挑战，因为它会一直存在，但我们可以使用新的工具来抵消技术的非人性化副作用，以便更好地理解彼此。虽然机器会以效率的名义将人类的同理心从等式中移除，但我们可以将人格 AI 视为能够让同理心重新回归我们的沟通渠道的机器。

想想我们可以在我们的人际关系（如约会、婚姻和家庭生活）中运用人格 AI 的可能性。如果我们每个人都有一个 GPS 来指导这些关系，就像在职场中一样，那会发生什么呢？从本质上说，每个人都渴望了解他人和被他人了解。亚伯拉罕·林肯（Abraham Lincoln）曾说："我不喜欢那个人，但我必须进一步了解他。"我们与他人的很多问题都源于彼此缺乏了解，而人格数据能够帮助我们享受更和谐、更少破坏性冲突的生活。希望我们的生活中能多一点联系，少一点误解；多一些接触，少一些摩擦。

随着人格画像及其工具的兴起，描绘这样的世界并不难。人格 AI 使我们能够在我们周围的小世界中创造新的同理心。就像我们之前提到的高管教练沃尔特一样，我们现在不仅有能力在关系中更深层、更早地理解他人，而且还拥有一个真正的路线图来解决分歧。

我们现在可以选择盲目前行，或者通过共情让每一次互动都变得更丰富、更有意义和更有效。你将做何选择呢？

北京阅想时代文化发展有限责任公司为中国人民大学出版社有限公司下属的商业新知事业部，致力于经管类优秀出版物（外版书为主）的策划及出版，主要涉及经济管理、金融、投资理财、心理学、成功励志、生活等出版领域，下设"阅想·商业""阅想·财富""阅想·新知""阅想·心理""阅想·生活"以及"阅想·人文"等多条产品线，致力于为国内商业人士提供涵盖先进、前沿的管理理念和思想的专业类图书和趋势类图书，同时也为满足商业人士的内心诉求，打造一系列提倡心理和生活健康的心理学图书和生活管理类图书。

《逆商 2：在职场逆境中向上而生》

- 逆商理论奠基人保罗·G.史托兹博士扛鼎之作。
- 逆境时代，个人和组织艰难前行的必读书。
- 提出职场逆商提升理论与方法论，帮助企业识别并招聘面对逆境时的攀登者，系统性提升组织、团队和职场人士的抗逆力。

《博恩·崔西口才圣经：如何在任何场合说服任何人（白金珍藏版）》

- 美国首屈一指的商业演说家博恩·崔西持续畅销经典之作。字字珠玑、句句经典，改变了2 000 000人生活和事业的口才训练指南。
- 有书 CEO 雷文涛、中国传媒大学媒介与公共事务研究院院长董关鹏作序推荐。
- 作者将讲述如何在公众面前保持自信、积极和放松，如何从一开始就抓住听众的注意力，如何运用肢体语言、道具和声音技巧等让听众始终专注听讲，如何做到在多个讲话要点之间自如过渡，如何从容应对听众的各种质疑以及如何以权威而有力的收尾结束演讲。